W0286335

KARMA
Clé de notre liberté

DU MÊME AUTEUR

Voyage à travers les mystères du karma, en collaboration avec Jean-Claude Dubly, EPM Editions, 2004.

Guide du court métrage, en collaboration avec Lisa Cléard, Editions Dujarric, 1996.

Aubert ALLAL

Jean-Claude DUBLY

KARMA
Clé de notre liberté

Choisir ses croyances et
Croire en ses choix

EPM EDITIONS

© EPM EDITIONS 2005
42, rue Monge 75005 PARIS - Tél : 01 40 30 42 11
(site internet : www.epm-editions.com)

ISBN 2-908900-93-9

«Toute représentation ou reproduction intégrale ou partielle faite sans le consentement de l'auteur ou de ses ayants droit ou ayants cause est illicite» (alinéa premier de l'article 40).
Cette représentation ou reproduction, par quelque procédé que ce soit, constituerait une contrefaçon sanctionnée par les articles 425 et suivants du code pénal.suivants du code pénal.

A ma mère Allégrine et mon père André

SOMMAIRE

KARMA DANS LA VIE QUOTIDIENNE
CAS PRATIQUES

ANTHOLOGIE KARMIQUE

Introduction

Karma est un mot sanskrit et signifie acte ou action. Ce terme est tiré de la philosophie indienne et il est généralement lié à la réincarnation. Il renvoie aux causes que l'on aurait générées dans les vies précédentes et qui auraient des effets dans notre vie présente. Dans ce livre, comme dans celui qui l'a précédé, *Voyage à travers les mystères du karma*[1], notre approche se veut sensiblement différente !

Contrairement à la plupart des ouvrages consacrés au karma, la réincarnation est ici presque complètement occultée au profit d'un travail dans l'ici et maintenant. Ce livre ne s'adresse donc pas exclusivement à ceux qui ont une fibre religieuse ou spirituelle, mais peut tout autant intéresser les agnostiques et les athées.

Nous gardons du karma le mécanisme causal de base qui fait que "*l'on récolte ce que l'on sème*" (St Paul, Epître aux Galates, chapitre 6) et nous le poussons dans ses retranchements. De même que, comme l'a dit Jean Cocteau "*la forme est le fond qui remonte à la surface*" l'extérieur, les événements, ne sont que les effets visibles et extériorisés de

[1] Publié chez le même éditeur

causes que nous portons en nous, consciemment ou inconsciemment. Cette loi n'est donc pas exclusivement tournée vers le passé (*qu'est-ce que j'ai bien pu faire pour vivre cette vie ?)*, elle est aussi orientée vers le futur (*en quoi ce qui m'arrive m'est une opportunité pour grandir ?*).

Ce postulat de base, nous le voyons, ressemble plus à une démarche psychologique qu'à un message de type religieux. Tout ce qui nous arrive ne nous est pas étranger. L'extérieur est le miroir qui reflète notre intérieur. L'approche karmique devient ainsi un outil de développement personnel qui nous permet de travailler plus efficacement sur nous-mêmes.

Dans ce livre, nous nous sommes également efforcé de "déboulonner" un autre poncif selon lequel karma serait synonyme de destin. Dire de quelqu'un *"c'est son karma"* équivaudrait au *mektoub* musulman, c'est-à-dire au fait que les événements sont déjà et préalablement inscrits dans le grand livre de la vie.

Ici, nous prenons le contre-pied de cette idée reçue. Dans cette approche, Karma prend sa source au cœur même de notre libre arbitre. Ce n'est pas uniquement une loi qui nous permet de comprendre le présent à la lumière du passé, mais une loi qui nous donne des indices et des indications pour guider nos choix futurs. Un vaste champ des possibles s'offre continuellement à nous et Karma nous donne les clés pour faire les bons choix. Tout n'est pas tracé : comme le dit le poète espagnol, *"le chemin se fait en marchant"* [2].

---

[2] *Caminando, no hay camino, se hace el camino al andar*. Cheminant, il n'y a pas de chemin, le chemin se fait en cheminant.

Truffé d'exemples, émaillé d'histoires et de contes appartenant à toutes les cultures, ce livre vous invite à un voyage tout aussi instructif que distrayant. A travers ce voyage, vous verrez que la loi karmique, loin d'être une amère résignation, recentre l'homme dans sa capacité de libre arbitre et de responsabilité. Elle cherche à dépasser l'opposition classique entre liberté et destin, entre libre arbitre et déterminisme.

Dans le chapitre suivant, vous trouverez un résumé des points les plus importants développés dans le premier ouvrage et qui posent les fondements philosophiques et logiques de la loi karmique.

FONDEMENTS PHILOSOPHIQUES
de la loi karmique

La carte n'est pas le territoire

Le point de départ philosophique de notre recherche est clairement relativiste : en effet nous ne partons pas avec le postulat qu'il existe une vérité universelle qui doit être la même pour tous les êtres humains, mais avec l'idée qu'il y a uniquement des points de vue différents qu'il faut s'efforcer continuellement de croiser pour réussir à faire la part des choses entre ce qui est singulier et ce qui est commun, entre ce qui est subjectif et ce qui peut-être partagé.

Pour être plus précis, notre approche s'apparente au courant appelé *constructivisme* représenté par des auteurs comme Paul Watzlawick ou Edgar Morin, qui affirment que la réalité objective ou universelle extérieure à l'homme et à sa pensée n'existe pas. La connaissance n'est que le fruit d'une rencontre, d'une interaction entre des phénomènes "extérieurs" et des êtres humains qui cherchent à les comprendre. Le philosophe sophiste Protagoras l'a déjà dit à sa façon : *l'homme est la mesure de toute chose*. On ne voit les choses qu'à travers notre cerveau d'humain. Les chauves souris, qui sont aveugles et qui utilisent un sonar pour se déplacer ont une représentation totalement différente de la réalité. L'histoire suivante, tirée du livre d'un révérend anglais, Edwin A. Abott : *Flatland, une aventure, à plusieurs dimensions,* illustre parfaitement notre propos.

Histoire de Flatland, la contrée plate

Il existe, dans une autre galaxie au fin fond de notre univers, un étrange pays du nom de FLATLAND (ce qui peut se traduire en français par "terre plate" ou "pays plat"). Ce monde étrange est caractérisé par le fait qu'il est bi-dimentionnel, c'est à dire composé de réalités plates, qui ont une longueur et une largeur, mais pas de hauteur ou de profondeur, un monde aussi plat qu'une feuille de papier couverte de lignes, triangles, carrés, etc.

Les gens qui y habitent peuvent se mouvoir librement à sa surface, mais ne peuvent, tels des ombres, s'élever ou s'enfoncer. Ils n'imaginent d'ailleurs même pas, que cela puisse être possible puisque rien de tel n'existe pour eux et autour d'eux. L'existence d'une troisième dimension, la hauteur ou la profondeur, leur est inimaginable.

Un jour, un des habitants de Flatland, appelé carré à cause de sa forme, fait un rêve étrange. Il se retrouve dans un pays LINELAND ("le pays ligne"), où tous les êtres sont des lignes ou des points qui se déplacent d'arrière en avant d'une ligne. (...) Ils ne connaissent donc qu'une dimension, soit une de moins qu'à Flatland. Notre rêveur essaye d'expliquer aux habitants de Lineland qu'il est de Flatland et qu'il vit dans un monde à deux dimensions, mais on le prend pour un illuminé.

Heureusement, ce n'est qu'un cauchemar, et il finit par se réveiller dans son pays avec ses repères à lui. Mais un jour, un étrange visiteur venu d'une autre contrée lointaine prétendit que dans son pays appelé SPACELAND ("le pays espace"), les choses ont trois dimensions ! L'étranger tente d'expliquer à notre carré ce qu'est une réalité tri-dimentionnelle et combien Flatland, est en comparaison, limitée. Et notre carré, qui bien entendu, ne peut comprendre des idées aussi déconcertantes, le prend pour un illuminé.[3]

De la même façon, qu'une carte n'est qu'une représentation symbolique et appauvrie d'un territoire, notre vision du monde n'est que la façon dont notre cerveau traite les informations qui lui proviennent de nos perceptions. Existe-t-il derrières toutes ces représentations une réalité vraie ? Il est certainement impossible de répondre à cette question mais a-t-elle vraiment de l'importance ? Il y a déjà tellement à faire, à comprendre et à apprendre avec notre regard d'hommes !

Vérité, croyance ou hypothèse ?

Karma n'est pas une vérité, mais une croyance et une hypothèse de travail. Nombre de recherches l'ont prouvé : les croyances ont fortement tendance à s'auto-valider sur le terrain. On donne à ce phénomène, le nom compliqué de prophétie auto-réalisatrice. Cette idée est facile à comprendre à travers l'exemple suivant.

Imaginez que l'on vous dise qu'il va y avoir très prochainement une pénurie de sucre. Aussitôt, vous vous précipitez dans un supermarché et vous faites une réserve de sucre en prévision du manque. Si de plus, vous communiquez

---

[3] Cette histoire du Révérend A. Abott est citée dans le livre de Paul Watzlawick, *La réalité de la réalité*, Ed. Seuil, Col. points, Paris 1978, p.206.

à votre tour cette information à votre entourage, chacun fera de même et très vite, il arrivera ce que vous avez craint, à savoir qu'il n'y aura plus de sucre dans les rayons puisque tout le monde en aura acheté plus que de coutume. L'annonce se trouvera vérifiée, mais il est clair qu'elle aura elle-même provoqué sa réalisation, d'où l'expression de prophétie auto-réalisatrice.

Selon le même principe, si nous sommes convaincus qu'un problème n'a pas de solutions, nous nous découragerons plus vite et nous aurons de fortes chances de ne pas y arriver et valider ainsi notre hypothèse de départ. A l'inverse, si nous sommes persuadés qu'il existe une solution et que nous avons les ressources pour y arriver, nous allons essayer et réessayer jusqu'à la réussite. Si nous croyons que nous avons le pouvoir de choisir, alors nous augmentons les chances d'être effectivement libres.

Si nous sommes libres de choisir nos croyances et de croire en nos choix, quelles sont celles qui nous permettent d'atteindre plus facilement nos objectifs et qu'est ce qui nous empêcherait de les adopter dans notre vie ? Dans ce sens, l'approche karmique est certainement une des croyances et un outil de développement personnel parmi les plus efficaces pour tirer profit des choses qui nous arrivent et orienter favorablement nos actions.

Causalité linéaire et causalité circulaire

La causalité est simplement le processus et le lien qui unit une cause A et un effet ou conséquence B. Elle sera dite linéaire si elle ne fonctionne que dans un sens et circulaire si l'effet B influence en retour la cause A.

Prenons un exemple. Je ne suis pas très en forme en ce moment, ce qui produit certains effets désagréables sur mon entourage. Je donne en effet le sentiment à mes collègues de bureau de faire tout le temps la tête. Naturellement, cela entraîne de leur part de l'évitement quand ce n'est pas de l'animosité, ce qui alimente à son tour ma mauvaise humeur. C'est une espèce de cercle vicieux qui s'auto-entretient et dans lequel il est difficile de distinguer la poule de l'œuf.

Un jour, pour des raisons diverses, je trouve en moi une force nouvelle, une ressource qui me permet d'être un peu plus positif en étant plus souriant ou tout simplement plus attentif aux autres. Et comme par magie, voilà que cette attitude provoque un mouvement en retour de même nature. Les gens sont aussitôt plus sympathiques avec moi, viennent me voir, me disent clairement qu'ils me trouvent changé, dans le bon sens du terme, ce qui m'encourage encore un peu plus dans cette voie.

Le cercle vertueux est enclenché et j'ai une part de responsabilité dans ce nouveau cycle de vie. Nous sommes libres d'alimenter le cercle vicieux ou d'initier le cercle vertueux. Le négatif répond au négatif. Œil pour œil, et tout le monde finit aveugle a écrit Gandhi. Mais heureusement, cette loi vaut aussi pour le positif. Il faut pour cela, comme nous allons le voir, que plusieurs obstacles soient dégagés. La bonne volonté ou la bonne intention sont certes nécessaires mais non suffisantes pour que les choses bougent dans le bon sens.

Complexité de la loi de causalité

Karma obéit, comme nous l'avons vu, à un principe de causalité circulaire, c'est-à-dire que non seulement B est la conséquence de A, mais il peut également, par un effet retour ou feed back, influencer à son tour A. B peut donc être successivement l'effet, puis la cause de A.

Elargissons encore la question et voyons les choses sous un angle plus séquentiel, c'est-à-dire en incluant le simple segment causal A → B dans l'ensemble dans lequel il est inscrit. Il n'existe pas effectivement des causes et des effets isolés mais des réseaux complexes de causes et d'effets qui peuvent se croiser, voire se nouer, ce qui peut donner parfois le sentiment de véritables sacs de nœuds. Si vous rajoutez à cela, que les karmas des uns viennent se mêler aux karmas des autres et que rien n'est vraiment isolé, il y a de quoi en avoir des migraines.

Dans ce méli-mélo, vous pouvez imaginer que les causes et les effets ne font pas forcément la queue, et peuvent émerger à tour de rôle, à n'importe quel moment. C'est ainsi qu'on peut avoir facilement, le sentiment de semer des pommes et de récolter des poires, faire le bien et récolter le mal, parce que tout simplement, nous ne raccrochons pas les effets aux causes qui leur appartiennent. N'oublions pas que les chronologies ne sont pas toujours respectées. Il suffit simplement d'attendre, et les choses finissent toujours par arriver et se rééquilibrer.

Toutes ces modalités de la loi karmique ont été largement développées et illustrées dans notre premier livre consacré à ce thème : *Voyage à travers les mystères de karma*.

Karma individuel et karma collectif

Le karma individuel n'existe pas en tant que tel. Il est influencé par les karmas collectifs, familiaux ou sociaux, qu'il influence à son tour. Sommes-nous responsables de la façon dont nos parents nous ont éduqués ? Ne portons-nous pas, d'une façon indélébile, l'empreinte du temps, de l'époque à laquelle nous vivons ? Mais comme le dit très justement Jean-Paul Sartre, ce qui important au fond, "*n'est pas ce que l'on nous fait, mais ce que nous faisons de ce que l'on nous fait*". Nous ne sommes pas obligés de subir ou de reproduire les influences que la famille ou la société nous ont transmises. Nous pouvons, par le pouvoir de notre conscience et de notre libre arbitre, nous écarter des scénarios de vie que l'on nous invite ou nous oblige à vivre. Le karma n'est ni individuel, ni collectif, il est toujours les deux à la fois.

Karma intérieur

Les rouages
de notre vie psychique

LA PSYCHOLOGIE DES PROFONDEURS
Freud et Jung

Karma peut être compris de deux façons différentes et complémentaires : soit il est à l'extérieur de nous comme une loi qui réajuste l'effet à sa cause et nous renvoie, comme un miroir, des indications qui nous permettent de réconsidérer et réadapter nos actions ; soit il est à l'intérieur de nous et, comme un réalisateur, écrit et met en scène notre vie. Dans ce rôle nous l'avons identifié à l'âme des religions et à l'inconscient des psychologues. Nous nous référons ici, pour l'essentiel, à la psychologie dite des profondeurs, à travers ses deux représentants les plus illustres, Freud et Jung.

Cette psychologie essaie de relier et d'expliquer les comportements présents par les événements passés, en particulier ceux qui se sont déroulés durant notre enfance. Ce travail de relecture et de connexion entre les causes du passé et les effets au présent est comparable à l'approche karmique causale à travers laquelle le passé éclaire le présent et libère l'avenir. Le but, dans les deux cas, est de reconstituer ou de créer du lien, autrement dit du sens, à ce qui est dispersé ou isolé. Quand nous disons que karma prend en considération, dans sa secrète comptabilité, tous les aspects de l'homme, son conscient et son inconscient, sa connaissance et son ignorance, son action et son inaction, ses souvenirs et ses oublis, nous affirmons par-là que le sens d'un comportement est opaque tant qu'il n'est pas révélé dans toutes ses dimensions. Le sera-t-il jamais ?

Cette psychologie met en lumière certains mécanismes intérieurs qui nous échappent et qui nous permettent de mieux nous comprendre et donc de mieux nous connaître. Comme dans l'approche karmique, elle ne croit pas au hasard mais au pouvoir de l'inconscient, véritable maître d'œuvre de notre vie. C'est lui qui, tapi dans l'obscurité de notre intériorité, nous meut comme un marionnettiste. Nous croyons choisir, mais nous sommes le plus souvent influencés par ses suggestions et sollicitations muettes. Notre libre arbitre est, face à ce géant, un lilliputien[4]*. Mais nous connaissons l'histoire : les lilliputiens finissent par ligoter Gulliver.*

L'inconscient chez Freud et Jung

Freud a partagé à partir de 1920, l'appareil psychique en trois parties :

1. <u>Le ça ou l'inconscient</u>, lieu de nos désirs profonds, de nos instincts et de nos refoulements.

2. <u>Le moi ou conscient</u>, l'instance raisonnante, le faisceau qui met en lumière toutes les zones qu'il désire s'approprier en les analysant et en les stockant dans sa mémoire.

---

[4] Rappelons que les lilliputiens sont des créatures de très petite taille dans l'œuvre de Jonathan Swift, *le voyage de Gulliver* (1726)

3. Le sur-moi, le censeur, le représentant des exigences morales. C'est lui qui sociabilise nos désirs inconscients et travestit nos rêves avant de les laisser passer dans le territoire du conscient.

Jung, bien qu'adhérant à cette description, la considère comme incomplète. Il voit dans l'inconscient une dimension que Freud, selon lui, a négligé et qui relie l'homme à son passé commun (inconscient collectif) et à travers lequel il manifeste des préoccupations de nature religieuse. L'inconscient, selon lui, aurait donc une double polarité :

- *L'une "tournée vers le bas"* symboliquement parlant. C'est la partie qui contient les vestiges de notre hérédité instinctuelle, qui manifeste nos pulsions (entre autres, sexuelles) et qui a fait l'objet de l'essentiel des préoccupations de Freud.

- *L'autre "tournée vers le haut"*, reliée à notre désir d'élévation ou de dépassement et en relation avec ce que Jung appelle les archétypes de notre inconscient collectif, c'est-à-dire le fond commun psychique et spirituel contenant les grands mythes fondateurs de l'humanité et qui transcende notre histoire personnelle.

Pour décrire ces différentes parties de notre psychisme, l'analogie avec la maison est souvent utilisée.

- Le rez-de-chaussée représente le conscient. C'est là, en ce lieu, que nous passons le plus clair de notre temps. Nous sommes, à ce niveau, dans le présent et en communication directe avec les autres. Sur ce plan, les objets sont dans la lumière.

- **La cave** représente l'inconscient freudien. C'est le "ça" où se terrent nos instincts vitaux et d'où surgissent comme un magma profond, les forces qui poussent et déplacent les plaques de notre conscient. Notre libido[5] y règne en maître et nos traumatismes y sont refoulés.

- **Le grenier** (pour l'essentiel, jungien) a comme point commun avec la cave d'être un lieu fourre-tout où sont déposés les objets/souvenirs de notre enfance (personnelle et humaine) et où règne une certaine nostalgie du paradis perdu. C'est l'endroit où nos ascendants ont laissé les traces psychiques de leurs préoccupations communes et essentielles (inconscient collectif). Des fenêtres - œils de bœuf ou, lucarnes -, tournées vers le haut, montrent des morceaux de ciel, aperçu figuré de nos aspirations spirituelles. Nous pouvons qualifier cette partie "d'inconscient supérieur" et dans ce livre, nous l'identifions à la notion d'âme empruntée à l'univers des religions. Ce rapprochement est clairement mis en évidence dans ce passage tiré du livre de Jung : *L'homme à la découverte de son âme.*

> "Si l'inconscient pouvait être personnifié, il prendrait les traits d'un être humain collectif vivant en marge de la spécificité des sexes, de la jeunesse et de la vieillesse, de la naissance et de la mort, fort de l'expérience humaine à peu près immortelle d'un ou de deux millions d'années. Cet être planerait sans conteste au-dessus des vicissitudes des temps. Le présent n'aurait pas plus de signification pour lui qu'une année quelconque du centième millénaire avant J.C ; ce serait un rêveur de rêves séculaires, et grâce à son expérience démesurée, un oracle aux pronostics incomparables. Car il aurait

[5] La libido est selon la psychanalyse, l'énergie de la pulsion sexuelle.

vécu la vie de l'individu, de la famille, des tribus, des peuples, un nombre incalculable de fois, et il connaîtrait - tel un sentiment vivant - le rythme du devenir, de l'épanouissement et de la décadence."
C. G. Jung, "L'homme à la découverte de son âme", Petite Bibliothèque Payot, p 47-48.

Le terme âme, venant du latin anima, souffle, vie (sous-entendu qui anime le corps), suggère une dimension dynamique, évolutive, qui correspond parfaitement à un des aspects de la loi de karma. En tant que telle, elle est ce qui tend et nous fait tendre vers le meilleur. Elle n'est donc pas seulement réactive, c'est-à-dire tournée vers le passé, mais également prospective, c'est à dire orientée vers une finalité. Jung l'exprime très clairement dans ce passage :

"Ainsi le conscient n'aurait pas seul le privilège de l'orientation active vers un but ou une intention ; l'inconscient dans certaines circonstances, serait également susceptible d'assumer une direction orientée vers une fin."
Op.cit, p. 213

Cette fonction se retrouve dans certains rêves dits prémonitoires ou prophétiques qui, comme un guide intérieur, nous montrent la voie à suivre. Certains auteurs appellent notre âme/inconscient *le meilleur de nous-mêmes*. Si nous la laissons s'exprimer sans la brider, elle a le pouvoir de nous pousser vers notre propre unification, de nous réconcilier avec tout ce qui en nous, nous fragmente et nous dévalorise. Jung parle à ce sujet *d'individuation*.

Concernant karma, il déclare dans son autobiographie :

"Certes, je ne croyais pas à la réincarnation ; par contre la notion que l'Indien appelle karma m'était naturellement familière."
C.G. Jung, "Ma Vie", Col. témoins Gallimard St Amant 1987, p. 273

Le guide intérieur selon Jung

De même que la loi karmique nous montre en filigrane les zones défaillantes de notre personnalité en nous renvoyant comme un miroir les effets de nos actions, de même, notre âme/inconscient agit comme un guide intérieur, comme un vieux sage qui nous montre la voie. Selon Jung, elle tire sa sagesse de l'expérience accumulée des âges, qui loin de s'être perdue au cours des transmissions inter-générationnelles, s'est enrichie et est demeurée intacte au plus profond de notre être.

Il écrit à ce sujet :

"Lorsque tu es seul et que tu crois pouvoir faire ce que tu veux, n'oublie pas le vieux sage qui habite en ton cœur. Ce vieux sage est l'incarnation vivante en nous des images archétypiques. C'est l'homme vieux comme le monde qui, durant deux millions d'années, a vécu la vie humaine avec toutes ses souffrances et toutes ses joies, qui a emmagasiné en lui les images fondamentales de l'existence et qui, au nom de son expérience éternelle, délègue une image qui fait communier avec le fonds humain, toute situation individuelle, unique en apparence."
"L'homme à la découverte de son âme" Petite Bibliothèque Payot, p. 327

Et un peu plus loin :

> "Nous dépendons dans une très forte mesure de la grâce de l'inconscient, de son bon vouloir à nous indiquer les voies qui, à travers le labyrinthe de notre psyché, doivent nous conduire à bon port."
> *"L'homme à la découverte de son âme" Petite Bibliothèque Payot, p. 336.*

La raison et la finalité de ce guidage est d'amener l'homme à retrouver son unité ou comme le dit Jung à réaliser son "individuation" en amenant les différentes parties de sa personnalité à s'entendre pour progresser ensemble vers un but commun. Dans son introduction à *L'homme et ses symboles*, il écrit :

> "Le processus d'individuation n'est pleinement réalisé, que lorsque le conscient et l'inconscient ont appris à vivre en paix l'un avec l'autre, à se compléter : c'est la condition du bonheur."
> *"L'homme et ses symboles", Robert Laffont 1983, p.14*

Alors que l'inconscient freudien n'a aucune fonction d'harmonisation finaliste, aucun égard aux intérêts généraux de l'être, l'inconscient jungien, lui, parce qu'il voit clair et loin, s'efforce d'aider le conscient à trouver sa voie.

Le potentiel de notre âme/inconscient

La parabole de l'aigle

Il était une fois un homme qui se promenant dans la forêt, découvre un jeune aigle. Il le ramène chez lui et le place dans la basse cour où il apprend bientôt à manger le grain des poulets et à se comporter comme eux. Un jour, un naturaliste qui passait par-là demande au propriétaire :

- Comment se fait-il qu'un aigle, oiseau royal, soit enfermé avec des poulets ?

- Puisque je l'ai nourri comme un poulet et dressé comme un poulet, il n'a jamais appris à voler, répond le propriétaire.

Le naturaliste souhaitant lui apprendre à voler, obtient l'accord du propriétaire. Il l'emporte sur le toit de la maison et le prenant dans ses bras lui dit :

- Tu appartiens au ciel et non à la terre. Déploie tes ailes et vole.

Mais l'aigle avait peur. Il ne connaissait pas sa véritable nature. D'un bond, il s'en va rejoindre ses compagnons les poulets.

Le naturaliste ne se décourage pas. Le lendemain, il se lève tôt et emporte l'aigle sur une haute montagne. Là, en tenant l'oiseau royal au-dessus de sa tête, il l'encourage encore une fois en lui disant :

- Tu es un aigle : tu appartiens au ciel aussi bien qu'à la terre. A présent, déploie tes ailes et vole !

L'aigle jette un regard vers la basse cour, tout en bas et se met à trembler. L'homme le lâche. N'ayant plus le choix et voyant qu'il risque de s'écraser au sol, il déploie alors ses ailes et se met à voler. Il s'élève enfin vers les cieux. Pour autant qu'on le sache, il n'est jamais revenu à sa vie de poulet.

Jean Vernette, Claire Moncelon, " Paraboles de bonheur", Bayard.Centurion 1996, p. 202.

De la même façon que ce naturaliste, karma essaye de nous faire prendre conscience du potentiel qui nous habite. Chaque effet qui nous revient nous signale clairement la distance qu'il nous reste à parcourir pour trouver en nous cette juste centralité. Chaque friction, chaque problème, chaque souffrance est un indicateur clair d'un écart à combler.

Karma extérieur et karma intérieur

Comme nous l'avons vu, Karma nous fait entrevoir par delà la dualité, la profonde connivence de tout ce qui, en apparence, s'oppose et se compose. Il ajuste ce qui est semé à ce qui est récolté, il solidarise et relie les causes intérieures aux effets qui nous paraissent extérieurs, il compense ou répare nos manques en nous faisant subir ce que nous faisons subir à notre prochain. C'est notre rapport aux autres ou au monde qui sert ici de référence.

Mais nous pouvons également l'intérioriser et par un effet de volte-face convertir ainsi notre regard. Comme une peau que l'on retournerait, observons maintenant de l'intérieur le mal que nous faisons comme un mal que nous nous faisons à nous-mêmes. La souffrance nous apparaît alors comme l'écart entre notre être profond et nos comportements extérieurs. Plus nous nous éloignons de nous-mêmes et plus nous ressentons consciemment et inconsciemment un mal-être ou une souffrance. Karma devient la loi qui mesure la distance entre notre connaissance et notre ignorance. Plus nous nous rapprochons de nous-mêmes, et plus nous ressentons une joie et un sentiment d'accomplissement et de plénitude. La souffrance n'est ici que le signe intérieur de notre absence à nous-mêmes.

Le psychologue américain Abraham Maslow décrit admirablement cet état dans son livre *Vers une psychologie de l'être* :

"Si nous faisons quelque chose dont nous avons honte, c'est enregistré en débit. Si nous faisons quelque chose d'honnête, de beau, de bon, c'est enregistré en crédit. Selon que l'une des sommes est plus forte que l'autre, nous sommes orientés vers le respect et l'acceptation de nous-mêmes ou bien vers le mépris de nous-mêmes, la dévalorisation ou le sentiment de l'impossibilité d'être aimés."
"Vers une psychologie de l'être", Fayard 1972, p. 6

A défaut de "punition", il s'agit ici d'une auto-punition au sens d'un karma intériorisé. L'effet ne vient pas de l'extérieur mais est induit et vécu de l'intérieur comme une souffrance, un éloignement ou une culpabilité qui nous fait sentir que nous ne sommes pas en accord avec le "meilleur de nous-mêmes."

Rêves et compensation

Le borgne, le sourd et l'unijambiste

Jacques et Jérémie, assis sur un banc, échangent des propos sur la sagesse Divine.

La sagesse doit être équilibrée et miséricordieuse, dit Jacques.

- Que veux-tu dire ?

- C'est très simple. Quand un homme est borgne, Dieu dans sa bonté, fait en sorte que son œil valide soit particulièrement aiguisé pour palier à ce manque.

- Je comprends. C'est comme quelqu'un qui est sourd d'une oreille. Il entend toujours mieux de l'autre.

- C'est vrai. C'est exactement comme quelqu'un qui a une jambe trop courte. Pour compenser, Dieu fait l'autre jambe bien plus longue !

Compenser c'est équilibrer un effet par un autre ou neutraliser un inconvénient par un avantage. Quand nous avons le sentiment qu'une personne n'a pas eu ce qu'elle mérite, une compensation est censée rétablir après coup cette injustice.

Contrairement à Freud qui voit dans les rêves la manifestation et la réalisation déguisée de désirs refoulés, Jung pense qu'ils ont plutôt une fonction compensatoire et qu'ils contrebalancent de façon fictive, les frustrations ou les manquements que nous nous faisons subir, soit par ignorance, soit par faiblesse. Ils comblent, de façon artificielle, l'écart entre ce que nous sommes et ce que nous aimerions être ou faire idéalement.

Si nous avons par exemple un complexe d'infériorité, nous rêverons que nous côtoyons des personnages illustres. En ce sens, il est plus tourné vers l'avenir que vers le passé. C'est un message de notre âme/inconscient élaboré dans sa langue maternelle archaïque et symbolique, et dont la fonction est de nous encourager à explorer notre être intérieur pour y découvrir ses plans secrets pour nous pousser de l'avant. C'est une courroie de transmission, un guide entre l'inconscient et le conscient, entre l'être que nous sommes et celui que nous cherchons à devenir. C'est dans ce creuset intime, équivalent à l'athanor[6] des alchimistes, que se prépare le Grand Oeuvre, la transmutation de notre matière première en or philosophal.

---

[6] *L'athanor* est le fourneau où les alchimistes s'efforçaient de transformer le plomb en or et le *Grand œuvre*, c'est ce processus même de transmutation. Cette opération représente symboliquement la transformation de ce qui est vil en nous (le plomb) en quelque chose de noble (l'or philosophal).

On peut, par certains côtés, considérer que la loi karmique remplit, à sa façon, une telle fonction. La compensation prendrait ici l'apparence d'un effet qui compenserait fictivement les manquements de la cause et montrerait ainsi la voie à suivre.

L'individuation est, selon Jung, l'invitation de notre être intérieur à cheminer vers notre complétude, vers ce lieu où nous n'aurions plus besoin de compensation, de rétablissement ou de réparation.

COMMUNICATION

La psychologie des profondeurs n'est pas la seule approche qui nous permet de sonder les mystères de notre être. Deux autres courants ont, chacun à leur façon, mis en évidence d'autres mécanismes psychologiques : les comportementalistes (ou béhavioristes) et le courant baptisé "psychologie humaniste."

Les comportementalistes ont repris pour les affiner les grands principes du conditionnement mis en évidence par le célèbre physiologiste russe Pavlov. On se souvient, en particulier, de l'expérience du chien salivant au bruit de la clochette.

Quant à la psychologie humaniste appelée aussi "mouvement de développement du potentiel humain", elle est née aux Etats-Unis vers les années 1950 et regroupe plusieurs écoles dont le dénominateur commun est une croyance en la nature foncièrement bonne de l'homme et en ses possibilités illimitées de développement et d'épanouissement. Cette psychologie a également porté son attention sur les processus de communication.

La PNL ou Programmation Neuro Linguistique

La Programmation Neuro Linguistique est née dans les années 70 en Californie de la collaboration d'un linguiste, John Grinder et d'un mathématicien et docteur en psychologie, Richard Bandler. Ils ont, ensemble, élaboré une véritable science de la communication en observant des grands communicateurs (hommes politiques, animateurs TV etc.) et des thérapeutes (M. Erickson, F. Perls etc.) et en modélisant leurs façons de faire. Les principes qu'ils en ont déduits et les stratégies qu'ils ont élaborées, sont applicables à tous les domaines de la vie où la communication est prépondérante, dans les écoles commerciales comme dans les pratiques psychothérapeutiques. La PNL a mis au point tout un ensemble de techniques et de stratégies pouvant nous aider à atteindre plus facilement nos objectifs. Son succès et son efficacité vient du fait qu'elle est donc essentiellement tournée vers la pratique.

Voici quelques points que nous en avons retenus, en relation avec la loi karmique.

- <u>L'émetteur est toujours responsable</u>

Nous sommes responsables de la nature et de la qualité des informations que nous émettons. Si nous ne nous faisons pas comprendre, c'est que nous n'avons pas su entrer dans l'univers de notre interlocuteur. Pour pouvoir communiquer verbalement, une première condition s'impose : parler le même langage. Si nous parlons chinois à un Suédois, il ne faut pas nous étonner de ne pas être compris. Ce principe s'applique aux langues mais également aux univers subjectifs ou socioculturels de nos interlocuteurs. Si nous parlons à un enfant de 6 ans comme à un adulte, en utilisant des mots trop complexes, nous ne serons pas compris. Cette démarche adaptative, la PNL la nomme "synchronisation" et elle la définit comme l'art de s'accorder à l'autre. Elle peut s'appliquer tout autant aux discours qu'aux domaines non verbaux (gestuelle ou rythme du corps). Ce principe avait déjà été énoncé dès 1967 par deux chercheurs américains, Gordon et Ogston à travers l'étude des phénomènes de groupe et baptisé "théorie de la synchronie interactionnelle".

Si par exemple vous observez deux amoureux assis sur un banc ou marchant bras dessus, bras dessous, vous serez surpris par la façon dont ils adoptent naturellement la même position ou le même rythme en marchant. Ce comportement symétrique comme "en miroir" montre qu'ils sont sur la même longueur d'onde, qu'ils communiquent sur le terrain commun de l'entité "ensemble". La synchronisation, qu'elle soit volontaire ou inconsciente, conditionne favorablement toute communication.

Karma, en nous obligeant à tourner notre attention sur notre responsabilité, dans les causes comme dans les effets, nous pousse sans cesse, à améliorer la qualité de ce que nous communiquons aux autres.

LA PNL exprime cette idée le plus simplement du monde en disant : "*si ce que vous faites ne marche pas, faites autre chose*". Avant de mettre le tort sur le dos de notre prochain, essayons d'abord de chercher ce qui, en nous, peut être amélioré.

- Il n'y a pas d'erreurs, il n'y a que du feed-back

De même qu'un enfant apprend à marcher en essayant et en tombant de nombreuses fois avant d'y arriver, de même on peut considérer que l'échec n'existe pas en soi mais qu'il n'est qu'un succès différé. Comme le disait J. Watson fondateur d'IBM : *"le succès se situe tout au bout de l'échec"*. Chaque erreur nous renvoie une information dont le contenu nous rapproche de l'acte idéal. Cela nous permet de nous ajuster en fonction de la réponse déclenchée. C'est ainsi que se mettent en place de nouveaux apprentissages. Plus qu'un droit, se tromper devrait être un devoir. Dans cette approche l'erreur, la faute perd son caractère négatif entraînant une sanction, pour un statut positif, condition nécessaire pour évoluer. Vue sous cet angle, la réaction karmique est une forme de feed-back et à ce titre, elle est potentiellement une opportunité évolutive.

Communication karmique

De même qu'il existe une façon de penser et d'agir en conformité avec la loi de karma, il existe également une façon karmique de parler et de communiquer.

Le "savoir-communiquer" est aussi important que le "savoir-penser" ou le "savoir-agir". Négliger cet aspect, c'est se condamner à engendrer dans notre vie de perpétuels malentendus et quiproquos. Au-delà des bonnes ou des mauvaises intentions, les mots, la façon de s'exprimer sont des armes qui peuvent malencontreusement blesser si on ne sait pas les manier avec un minimum de savoir-faire. La philosophie karmique ne se reflète pas uniquement dans nos actes ou nos pensées, mais également et par-dessus tout dans notre façon de nous exprimer. Les mots sont les ambassadeurs de nos pensées : ils sont les passerelles entre soi et le monde et détiennent le pouvoir mixte de nous transformer et de transformer le monde.

Il y une façon karmique de s'exprimer et il serait bénéfique, à partir du moment où nous en prenons conscience, de l'adopter. A titre d'exemple, voici un petit échantillon d'expressions.

- Plutôt que "*je n'ai pas le temps*", préférer "*je ne prends pas le temps*".

L'homme karmique n'est pas victime du temps : il opère des choix en toute responsabilité. S'il ne veut pas consacrer du temps à une tâche, c'est qu'il considère qu'elle ne fait pas partie de ses priorités. Dire que nous n'avons pas le temps c'est nous trouver des excuses pour masquer notre responsabilité. Le temps est toujours là, à notre disposition, en quantité prévisible. Nous n'avons pas le temps parce que nous ne savons pas dire non ou parce que nous nous laissons déborder. Si une chose dans notre esprit est vraiment importante à nos yeux, nous trouverons toujours les moyens et le temps de la faire.

- Plutôt que *"tu m'énerves", préférer "je m'énerve à cause de ce que tu viens de dire"*.

L'autre n'est jamais le (seul) responsable de notre énervement. Il ne fait que mettre en évidence nos limites, nos problèmes non réglés. Ce stimulus extérieur dessine notre propre frontière au-delà de laquelle nous ne (nous) supportons plus, et nous projetons notre difficulté ou notre mal-être sur l'autre. Mais si la limite est le signal ou l'indication d'un espace-frontière qu'on ne peut (ou qu'on ne veut) franchir, elle est également et peut-être avant tout, une invitation au dépassement. Comme au sport, il suffit de quelques efforts pour qu'elle soit repoussée. En s'entraînant un peu, ce qui nous paraissait inaccessible quelques semaines auparavant, devient tout à fait supportable et à notre portée.

- Plutôt que "*je ne peux pas*", préférer "*je ne veux pas*" ou "*je n'en ai pas envie*".

Affirmer notre non pouvoir c'est se donner de bonnes raisons de ne pas faire des efforts. Il est possible que dans une situation donnée, nous ayons le sentiment que c'est au dessus de nos forces et ce sentiment est tout à fait acceptable et respectable. Mais il s'agit d'une paralysie momentanée, un blocage au présent qui ne nous condamne pas comme Sisyphe, à pousser éternellement le rocher de notre impuissance. Nous pouvons toujours si nous le voulons, préparer nos jours meilleurs. Que ce soit sur le plan physique, émotionnel ou intellectuel, nous ne sommes pas enfermés dans nos limites. Les déterminismes ne sont pas des murs mais des obstacles que nous pouvons contourner.

- Et pour finir, plutôt que "*je suis comme je suis*", préférer "*je suis ce que je deviens*".

Ne sous-estimons pas le pouvoir des mots : comme des passeurs, ils permettent aux pensées d'atteindre l'autre rive, là où les rêves deviennent réalité.

Actions, paroles, pensées et intentions

Nous comprenons bien qu'une action puisse générer une réaction. Mais que deviennent toutes ces intentions, tous ces fantasmes qui nous habitent et que nous ne réalisons jamais ? Ont-ils, eux aussi, leurs conséquences karmiques ?

Une parole peut être aussi meurtrière qu'un acte. Avec les mots nous pouvons faire rire et pleurer, blesser et réconcilier. La parole, bien qu'issue de la pensée, peut parfois la dépasser et même la contredire dans le feu de l'action ou de l'émotion. Il peut nous arriver de regretter des mots prononcés dans un accès de colère. N'osant pas blesser physiquement, nous utilisons la lame des mots. La parole est aussi, à sa façon, acte : acte dit, acte communiqué. Quand nous entendons *"je ne t'aime plus"* cela peut annoncer une séparation, un départ, un déménagement, un avenir différent. C'est toute une vie qui peut basculer à cause de ces cinq mots. Combien de personnes, bouffies d'orgueil, sont incapables de dire pardon ou merci ! Combien de guerres éclatent suite à une simple insulte ? On peut se demander dans quelle mesure ce ne sont pas les mots plus que les actes qui engendrent les conflits, l'acte ne venant dans un deuxième temps que pour essuyer l'affront du mot. Les conséquences karmiques d'une parole devraient donc être proportionnelles aux effets qu'elles produisent.

La vie criminelle d'Archibald de la Cruz

Il s'agit d'un film de Bunuel dont le sujet est le suivant : Archibald de la Cruz n'aime plus sa femme. Son manque de

> sentiment tourne même à l'aversion au point qu'il désire la supprimer. Il élabore des scénarios plus machiavéliques les uns que les autres et tente de les mettre en pratique avec l'espoir de réussir un crime parfait qui puisse le mettre à l'abri de tout soupçon et donc de toute condamnation.
>
> Mais il y a un problème. Chaque fois qu'il essaye de réaliser son forfait, un événement indépendant de sa volonté survient et l'empêche d'aller jusqu'au bout.
>
> Sa femme arrive ainsi, à plusieurs reprises, à sauver sa tête sans se douter des intentions criminelles de son mari.
>
> Un jour, Archibald, pour libérer sa conscience, se confesse à un ami policier et lui révèle toutes les intentions meurtrières qu'il a failli mener à leur terme. Il se considère comme un criminel potentiel et se demande s'il ne doit pas, au nom du bien et du mal, être arrêté. Son ami lui répond qu'à partir du moment où il n'a pas mis à exécution ses intentions, il n'a rien à se reprocher. Il n'a donc rien à craindre de la justice. On ne peut pas l'arrêter pour des meurtres qu'il n'a pas commis.

La justice humaine juge essentiellement les actions, quelquefois les propos quand ils sont franchement racistes. Mais qu'en est-il des intentions ? Si elles sont si inoffensives, pourquoi l'enfer en serait-il pavé? Paradoxalement, lorsqu'elles sont prises en considération, c'est souvent pour atténuer une condamnation. Quand, à l'occasion d'un procès, il est clairement établi que l'intention n'était pas de donner la mort, le jury accorde son indulgence et la peine est allégée.

La justice considère à juste titre que le crime est moins grave s'il a été commis par ignorance ou par inconscience, autrement dit, sans intention. Mais karma juge-t-il selon les mêmes critères ? Jésus, dans *Matthieu 5, 27-28*, dit :

"Vous avez entendu qu'il a été dit : tu ne commettras pas d'adultère *(Exode 20, 14)*. Mais moi je vous dis : tout homme qui regarde une femme pour la désirer, a déjà commis l'adultère avec elle, dans son cœur."

On l'a compris, la religion de Jésus est une religion du cœur, de l'intérieur et non de l'apparence. Pour Jésus, ce qui importe ce n'est pas l'acte, mais la qualité de l'âme. Mais cet adultère du cœur a-t-il des conséquences karmiques? Une mauvaise intention non suivie d'action, génère-t-elle du mauvais karma ?

S'il est difficile de répondre à cette question, nous pouvons en revanche affirmer que si la raison pour laquelle il n'y a pas de passage à l'acte est la peur (lâcheté, peur du gendarme, peur du jugement social), alors l'intention se transformera en action dès que l'occasion favorable (sans prise de risques), se présentera. N'oublions pas que, pendant la deuxième guerre mondiale, des millions de lettres anonymes de dénonciation ont été envoyées aux autorités.

PROJECTION ET RÉCEPTION

Le chapitre suivant est peut-être un des plus importants de ce livre. Il permet de mieux comprendre (partiellement) les mécanismes qui régissent les relations humaines, en particulier les attractions et les répulsions, la peur et l'amour, les préjugés et la juste compréhension des choses. Il s'agit toujours de karma mais vu non plus sous l'angle de la cause et de l'effet, mais sous celui de la projection (ou émission) et de la réception, ce qui revient au même. Certaines personnes seront certainement plus sensibles à cette approche qui est plus psychologique.

Projections karmiques : le monde est à notre image

Mal partout

Un homme va voir un médecin et lui dit :

- Docteur, j'ai mal partout. Quand je me pose le doigt sur la tête, j'ai mal. Quand je me le pose ici, sur le ventre, c'est pareil. Quand je me touche le genou, j'ai mal. Quand je me touche le pied, j'ai mal ! J'ai l'impression que c'est grave. Dites-moi Docteur, qu'est-ce que vous pouvez faire pour me soulager ?

> Le médecin l'examine et lui dit :
> - Votre corps n'a rien. C'est votre doigt qui est cassé.

Comme ces paranoïaques qui voient des persécuteurs partout, nous projetons sans le savoir nos problèmes à l'extérieur et nous n'arrivons plus à distinguer ce qui vient de nous et ce qui vient des autres. Notre doigt est cassé et nous croyons que c'est tout notre corps qui est endolori. Certains philosophes comme Kant ou Schopenhauer pensent que nous ne voyons pas le monde tel qu'il est, mais le monde tel que nous nous le représentons et Watzlawick, l'un des plus brillants représentants de l'école de Palo Alto partage cette idée en lui donnant le nom de constructivisme. Tout ce que nous voyons, nous le voyons à travers nos perceptions et nos pensées, et la réalité est une construction de notre esprit.

En psychologie, les représentations, à cause de leur caractère subjectif, sont rebaptisées *projections* quand elles se plaquent sur l'extérieur et *introjections* quand elles s'impriment à l'intérieur. Nous projetons à l'extérieur de nous, nos attentes, nos désirs, nos connaissances et nos névroses, en un mot notre modèle du monde, et tout est évalué ou jugé à sa mesure. Nous sommes sans le savoir, le mètre étalon, le bien, le mal, la source et l'évaluation de tous nos jugements.

Ce phénomène est aussi culturel. Un champ, par exemple, ne sera pas vu de la même façon par un peintre ou par un cultivateur. Le premier y trouvera un motif esthétique exprimant un agencement harmonieux de formes et de couleurs, alors que le second n'y verra qu'un espace susceptible d'accueillir une culture fourragère ou céréalière. Nos besoins et nos motivations transforment de la même façon notre vision des choses. En temps de guerre, le militaire cherchera dans un paysage les lieux stratégiques pouvant lui servir d'abris naturels. En temps de paix, ce même paysage prendra des allures pittoresques se prêtant à la promenade ou à la rêverie.

Les analyses et les expériences produites et analysées dans le cadre de la Gestalt théorie (théorie de la forme) nous apprennent aujourd'hui avec évidence que toute réalité n'est qu'une forme qui se détache sur un fond et que selon l'angle, l'humeur, le moment de la journée, la culture ou l'histoire de celui qui la regarde, tel aspect s'imposera au détriment de tel autre.

Le test de la page suivante en est une parfaite illustration. Observez le portrait qui s'y trouve et décrivez-le.

Schéma n°1 : portrait de dame

Chaque fois que ce test a été proposé, il s'est avéré que tout le monde ne voyait pas la même chose dans ce portrait. Certains décrivent une vieille femme ridée et d'autres une jeune fille d'une vingtaine d'années avec un toupet. Comme on peut le remarquer dans les deux dessins suivants, les deux ont raison.

Schéma n°2
Dessin de la vieille dame

Schéma n°3
Dessin de la jeune fille

Nous pouvons en déduire, selon ce principe, que le monde n'est pas tel qu'il est, mais tel que nous choisissons, consciemment ou inconsciemment, de le voir. Si notre intérieur est riche, l'extérieur, le sera proportionnellement. Si notre vision est pauvre, le monde nous paraîtra vide. Nous interprétons toujours les événements à travers le filtre de nos peurs ou de nos espoirs, de notre confiance ou de notre méfiance, de notre optimisme ou de notre pessimisme.

Si, à l'occasion d'une conférence que nous faisons, nous remarquons une personne en train de bâiller, si nous doutons de la qualité de notre prestation, nous penserons qu'elle s'ennuie alors qu'elle est simplement fatiguée et qu'elle a fait, au contraire, un effort pour être là. Il n'y a aucun décalage, aucun écart, entre ce que nous sommes, ce que nous émettons et ce que nous recevons.

Si nous sommes athées, notre monde sera vide de Dieu(x.) Si nous sommes chrétiens, c'est Jésus (comme par hasard !) et non Krishna qui répondra à nos prières. Avez-vous déjà vu un musulman, qui en priant Allah ait reçu une réponse de Bouddha ? Avez-vous déjà rencontré un juif pieux interpellé par Vishnou ? N'avons-nous donc affaire qu'à des Dieux nationaux, incapables de franchir les frontières de leurs pays ? Est-ce l'obstacle de la langue qui les arrête ? Peut-être après tout, ne sont-ils que monolingues ?

Ce même phénomène projectif, nous le retrouvons dans les expériences des rescapés de la mort (NDE, *Near Death Experience* en anglais et EMI, *Expérience de Mort Imminente*[7] en français). Quand la personne, dont la conscience est plongée dans le coma, se retrouve dans le tunnel, les figures qui peuplent son imagerie religieuse propre surgissent. Ce sera Jésus ou Marie pour un chrétien et Krishna pour un hindou.

---

[7] Sur ce thème, voir " *la Source noire* " de Patrice Van Eersel, Le livre de Poche, Grasset, Fasquelle, 1986.

Comment continuer à croire, après ces témoignages, qu'il s'agisse de réelles manifestations extérieures à nos désirs?

Dans le Bardo Thodol, le livre des morts tibétains, l'âme après la mort est confrontée à la vision de nombreuses Divinités. A ce sujet, il est écrit :

> "Les Déités, non plus, ne viennent de nulle part ailleurs que de toi-même ; elles existent de toute éternité dans les facultés de ta propre intelligence.(...) Les Seigneurs de la mort sont tes propres hallucinations."
> *"Le livre de morts tibétains", Maisonneuve 1977, p. 103.*

Karma c'est l'intime de la personne qui se projette et lui revient comme extérieure à lui. Pour paraphraser une phrase célèbre, croire en karma c'est se convaincre que "*rien de ce qui m'arrive ne m'est étranger*". De même, lorsque nous rêvons, nous ramenons les images de notre passé puisées dans notre inconscient. Il n'y a rien de nouveau dans un rêve, il n'y a que des réalités à décrypter. Tout ce qui est extérieur, différent de nous, ne peut pénétrer tel quel dans notre sphère intérieure. Il faut toujours un laisser-passer, un tampon, une marque personnelle, une patte blanche, pour que les gardes frontières de notre être intérieur autorisent l'entrée du territoire. C'est comme un crible : les trop gros volumes restent à l'extérieur ou sont refoulés. Ce qui nous ressemble nous assemble.

Au commencement était le nom

La Genèse

L'Eternel Dieu forma, avec de la terre, tous les animaux des champs et tous les oiseaux du ciel. Il les fit venir devant l'homme pour voir comment il les appellerait : tout être vivant devait ainsi porter le nom que l'homme lui donnerait. L'homme donna des noms à tous les animaux domestiques, aux oiseaux du ciel et à toutes les bêtes des champs.

Genèse 2, 19-20

Texte admirable, d'une modernité confondante ! C'est comme si les choses n'existaient vraiment qu'à partir du moment où nous leur donnons un nom et cela tend à être confirmé par les recherches linguistiques et sémantiques contemporaines. Quand par exemple nous essayons de décrire les différents états de la neige, nous n'avons en occident que quelques qualificatifs : poudreuse, fraîche, glacée, lourde...

Les esquimaux ont plus de trente adjectifs à leur disposition pour la qualifier ! Le fait de la vivre au quotidien leur permet de déceler des nuances qui nous échappent à nous, occidentaux, qui ne la voyons qu'en passant, subrepticement, alors qu'eux s'y attardent, vivent avec et prennent le temps de l'observer. C'est la même neige et pourtant, pour ces esquimaux, elle est visuellement beaucoup plus riche et nuancée que pour nous. Notre regard est influencé par notre culture et il en est ainsi pour toutes les choses qui nous environnent. Si nous observons dans une forêt des champignons sans être des spécialistes, ils nous apparaîtront tantôt gros, tantôt petits, rouges ou marrons. En revanche, si nous en avons quelques connaissances, ils seront rares ou communs, comestibles ou toxiques. On y discernera mille petits détails et nuances qui échapperont à tout observateur profane. Nous ne voyons bien que ce que ce que nous connaissons bien. Mettre un nom, c'est tutoyer le monde, c'est accéder à l'intimité des choses un peu comme une personne que l'on appelle par son prénom. Saint Jean écrit au début de son évangile. (I, 1-4)

> Au commencement était la parole (le Logos, le Verbe.)
> Et la parole était avec Dieu, et la parole était Dieu.
> Elle était au commencement avec Dieu.
> Toutes choses ont été faites par elle et rien de ce qui a été fait, n'a été fait sans elle.

La parole est connaissance et en tant que telle, elle est créatrice. Le mot fait sortir les choses de leur obscurité anonyme, il les fait exister. C'est comme un faisceau de lumière que nous dirigeons vers l'obscurité environnante. Quand nous projetons, nous mettons nos mots et nos sentiments sur les choses. Dans ce que l'autre dit, nous filtrons et nous ne sélectionnons que ce qui nous parle, que nous comprenons ou qui a une résonance en nous. Le regard que nous portons sur le monde fait le monde à notre image.

Le poète Paul Eluard a écrit : *" je vois le monde tel que je suis. "* Il s'étoffe et s'enrichit à mesure que nous nous étoffons et nous enrichissons. Les deux vont de pair. Mais cette logique n'est pas une prison. Nous ne sommes pas enfermés dans les limites de notre ignorance comme dans un cercle vicieux. La vie est spirale : il y a toujours une porte d'entrée et une porte de sortie et entre les deux un courant d'air vivifiant circule.

Réception karmique : miroir, mon beau miroir !

Le miroir dans le coffre (conte Zen)

Revenant d'un pèlerinage, un homme achète en ville un miroir, objet inconnu pour lui. Il croit y reconnaître le visage de son père et l'emporte ravi chez lui. Il le range dans un coffre au premier étage, n'en dit rien à sa femme et va de temps en temps " voir son père " quand il se sent triste et solitaire.

Sa femme lui trouve un drôle d'air chaque fois qu'elle le voit redescendre de la chambre. Elle l'épie et s'aperçoit qu'il ouvre un coffre et reste longtemps penché au-dessus. Une fois le mari parti, elle ouvre le coffre à son tour et y voit une femme.

Elle s'enflamme de jalousie et invective son mari. Grave querelle de ménage !

Le mari maintient qu'il s'agit de son père qui est caché dans le coffre !

Par bonheur, passe une nonne. Elle veut régler le conflit et se fait montrer le coffre objet du litige. Elle déclare en redescendant :

- Dans le coffre, il n'y a ni homme, ni femme, mais simplement une nonne !

Maître Taisen Deshimaru , "Le bol et le bâton", Albin Michel, p.90

Sur le même principe, un récit hassidique s'amuse à comparer la vitre et le miroir. Alors que la première est transparente et laisse passer la lumière, le miroir renvoie l'image de celui qui s'y mire car son fond est tapissé d'un métal argenté. L'extérieur n'est que le miroir de l'intérieur et réciproquement.

Arnaud Desjardins dans le tome III des "*Chemins de la*

sagesse" le dit très clairement :

> "Tout conflit, même motivé par un conflit extérieur, est un conflit intérieur."
> *La table ronde 1972, p. 250.*

Une profonde correspondance unit ces deux réalités comme l'image à son miroir, comme le moule à son moulage, comme le négatif d'une photo à son positif.

Nichiren Daishonin, moine bouddhiste japonais du 13ème siècle écrit :

> "L'environnement est semblable à l'ombre et le sujet au corps. De même que sans le corps, il ne peut y avoir d'ombre, sans sujet, il ne peut y avoir d'environnement et sans environnement, le sujet n'existe pas."

Ce principe a une résonance presque métaphysique. Nous trouvons dans certains courants spirituels l'affirmation que l'esprit (l'intérieur) et la matière (l'extérieur) sont les deux facettes d'une même réalité, le côté pile et le côté face d'une pièce de monnaie. De même, le corps est le reflet de l'âme et chaque maladie qui s'y imprime révèle une faiblesse dont l'origine se trouve dans notre psyché. Mais l'impulsion est la plupart du temps intérieure. Comme le dit cette maxime tirée de la philosophie hermétiste : *"De l'intérieur vers l'extérieur"*. C'est la raison pour laquelle toute philosophie et toute psychologie digne de ce nom nous exhorte à la connaissance de soi. Rabbi Levi Itshak de Berditchev, ce grand Hassid érudit de Galicie, raconte l'histoire suivante :

> Un matin, je m'aperçus que les gens de ma ville ne me respectaient plus. Troublé, j'essayai de comprendre pourquoi et je finis par me rendre compte que cela n'avait rien à voir avec eux, mais que j'étais seul en cause. J'avais tout simplement perdu tout respect à mes propres yeux. Pourquoi les gens seraient-ils plus charitables que moi ? Je décidai donc de m'améliorer. En conséquence de quoi, mon entourage me traita avec plus d'égards, ma famille aussi, et mes voisins aussi. De famille en famille, de rue en rue, le changement se fit sentir, s'étendant à la fin sur la ville entière. On m'estima de nouveau.
>
> *Elie Wiesel, "Célébrations hassidiques", Seuil, 1972 p. 108*

L'intérieur est dans l'extérieur, l'extérieur dans l'intérieur et les deux sont l'expression d'une unique réalité et vont de pair dans un mouvement complémentairement alternatif. Travailler sur le monde, c'est travailler sur soi et réciproquement. Karma nous permet de comprendre et de dépasser la controverse relative à la primauté entre l'individuel et le collectif. Faut-il changer l'individu pour changer le monde ou changer les structures ou les lois pour donner naissance à un homme nouveau ? Les deux sont vrais et interactifs. Quand il y a un problème, on peut le régler indifféremment par l'un des deux bouts mais il est plus facile de commencer par soi, autrement dit par ce qui dépend de nous. Puis, quand le mouvement est enclenché, il peut s'étendre et toucher les autres comme un effet papillon à notre échelle.

Narcisse (version d'Ovide)

Narcisse est le fils du fleuve Cephise et de la belle nymphe Liriopé. Un jour sa mère demande au devin Tirésias si son fils vivra longtemps. Le vieillard répond :

- Oui, s'il ne se connaît pas.

Parole dont toute la signification s'éclairera par la suite. Narcisse était tellement beau que de nombreuses jeunes filles et même des jeunes hommes tombaient amoureux de lui. Mais il ne leur répondait que par le dédain. Un jour, la nymphe Echo s'éprend de lui. Condamnée par Junon à ne répéter que la fin des phrases, elle se heurte à son indifférence et ne pouvant le supporter, se laisse dépérir jusqu'à ne devenir qu'une voix. Toutes les plaintes des soupirantes montant jusqu'à l'Olympe, les Dieux décidèrent de punir Narcisse.

Un jour, fatigué par une journée de chasse, notre bellâtre s'arrête près d'une source pour se désaltérer. En apercevant le reflet de son visage dans l'eau, il est aussitôt séduit par sa beauté. Il croit que cette image est celle d'un autre dont il tombe éperdument amoureux. Il a l'impression que son sentiment est partagé, puisque quand il sourit, l'autre lui sourit aussi, et quand il approche sa bouche pour un baiser, l'autre en fait autant... avant de s'évanouir.

Il souffre de cet amour si proche et insaisissable mais ne se lasse pas de se contempler. Il dépérit ainsi de jour en jour, perd sa vigueur et finit par mourir. A sa place poussa une fleur jaune safran que l'on baptisa de son nom, Narcisse.

Ce mythe, magnifiquement conté par Ovide, illustre doublement l'effet miroir de cette loi de karma. En premier lieu, par le biais de la nymphe Echo. Celle-ci, véritable pipelette, retenant Junon par ses discours, l'empêche de surprendre son mari Jupiter dans les bras des nymphes. Elle décide par conséquent de la punir en lui retirant la parole et en la condamnant à répéter les mots déjà prononcés. Junon punit selon une stricte logique karmique. Echo abusait de la parole, elle sera condamnée à se taire. Elle obligeait les autres à l'écouter jusqu'à l'excès, maintenant c'est elle qui se trouve condamnée à répéter les paroles des autres. L'écho est comme un miroir sonore. Il renvoie le son, comme le miroir renvoie l'image. Quant à Narcisse, c'est encore l'effet miroir qui le renvoie à lui-même. Il découvre sa propre image dans l'eau et se retrouve prisonnier de lui-même. Lui aussi est puni par-là où il a péché. Il a fait souffrir d'amour les autres, il va souffrir à son tour d'un amour non partagé. Il devient sans le savoir son propre correcteur. C'est lui-même qui se punit inconsciemment en ressentant ce qu'il a fait subir aux autres. Ceux-ci ont souffert de son indifférence et de sa beauté, il va souffrir à son tour de sa beauté et de l'indifférence de sa propre image à son égard.

L'effet miroir de karma remplit ici pleinement sa fonction en nous révélant à nous-mêmes nos propres travers. C'est peut-être le sens du verset évangélique : *"nous sommes punis par où nous avons péché"*. Narcisse, découvrant à la fin la vraie nature de cette image, s'exclame :

> "Tu n'es autre que moi-même, je l'ai compris. Je ne suis plus dupe de ma propre image. C'est pour moi que je brûle d'amour et cette ardeur je la provoque à la fois et je la ressens (...) Ce que je désire, je le porte en moi-même, mon dénuement est venu de ma richesse ; oh ! Si je pouvais me dissocier de mon propre corps !"
> *Ovide, "Les métamorphoses", Garnier Flammarion 1966, p. 102*

Texte admirable qui pourrait presque au mot près, s'appliquer à karma, et qui montre bien l'effet auto-généré de notre propre souffrance. L'illusion demeure tant qu'il y a en nous, quelque chose qui continue à se vivre comme un "autre", comme une altérité. Nous devenons notre propre ennemi tant que nous ne voulons pas reconnaître que nous sommes à l'origine de notre malaise.

Vous connaissez peut-être la publicité contre l'alcool qui dit : "*tu t'es vu quand t'as bu* ?" Karma procède de la même façon. Il nous renvoie notre propre image pour nous aider à prendre du recul et à mieux travailler sur nous-mêmes. Ce n'est donc pas une punition, mais une véritable aubaine. Prendre du recul c'est décoller de l'événement et pouvoir ainsi exercer un début de réflexion et donc de correction. Le but de karma en nous "réfléchissant", est de nous faire réfléchir. Souffrir à son tour ce que l'autre a souffert à cause de soi, c'est favoriser la compréhension et l'identification empathique. Nous devenons un peu notre prochain en ressentant ce qu'il ressent et nous nous abstenons de lui faire ce que nous ne voulons pas qu'il nous fasse.

OPTIMISME

Nous connaissons tous l'histoire de la bouteille à moitié vide ou à moitié pleine. Au fond, qu'est-ce que ça change si nous avons soif ? Dans un cas comme dans l'autre nous ne boirons pas une goutte de plus !

Histoire de chaussures

Un fabricant de chaussures décide de faire une étude de marché dans un pays africain avec l'intention d'y vendre sa marchandise. Il y dépêche un de ses commerciaux pour une première approche. Celui-ci visite le pays, observe, interroge et une semaine plus tard, téléphone à son patron.

- Monsieur, ce n'est pas la peine, il n'y a rien à faire ici, tout le monde marche pieds nus.

Bien que décontenancé, le patron décide, avant de refermer le dossier, d'envoyer un deuxième commercial. Celui-ci débarque dans le pays, fait son enquête, et téléphone à son patron.

- Monsieur, c'est extraordinaire, il y a tout à faire ici, tout le monde marche pieds nus !

Nous le voyons bien ici, à travers cette petite histoire : le regard que nous portons sur les choses influence la réalité. L'hypothèse pessimiste, nous pousse à abandonner le marché, à ne pas tenter l'aventure. A l'inverse, la vision optimiste nous encourage à foncer ! Dans un cas, nous fermons une porte, dans l'autre nous l'ouvrons.

Karma n'aime pas les tièdes et les timorés. C'est une loi réservée aux intrépides, à ceux qui osent. Et même si au bout du compte nous essuyons un échec, nous en sortons certainement plus enrichi que si nous avions opté pour l'inaction. Le pessimisme pousse à l'inaction, l'optimisme à l'action et l'étymologie de karma, ne l'oublions pas, signifie action !

L'âne de Nasrudine

Nasrudine a perdu son âne. Avec l'aide de quelques amis, il se met à sa recherche. Ils passent au peigne fin presque toute la contrée. Tout le monde désespère, sauf Nasrudine qui est toujours aussi confiant. Un ami lui demande :

- On a pratiquement ratissé toute la région et on n'a rien trouvé. Comment fais-tu pour ne pas perdre courage ?

- Vois-tu, lui répond-il, cette colline là-bas ? Personne n'a encore regardé de ce côté.

Si on ne le trouve pas là, alors je commencerai à me faire du souci.

Le pessimiste anticipe sur le négatif, sur l'échec et se trouve ainsi de bonnes raisons de ne pas prendre de risques. Il se dit *"à quoi bon"*, et récolte ce qu'il sème : la paralysie ou l'inaction. Il se donne envie d'arrêter avant même de commencer. Au pire, s'il entretient ce trait de caractère, il peut devenir aigri et fataliste. En réalité le pessimiste se heurte à ses propres limites ou plutôt auto-limitations. Il lâche prise parce qu'il croit qu'il n'y arrivera pas. Ne trouvant pas en lui les réserves suffisantes, il préfère abandonner avant même d'essayer. Les personnes pessimistes ne le sont pas toujours par nature. Elles peuvent l'être par stratégie ou par intérêt. Le pessimisme se cachant sous le masque du réalisme, peut devenir par exemple, un argument démobilisateur.

Imaginez la situation suivante : plusieurs personnes cherchent un bijou perdu dans le sable, au bord de la mer.

Au bout d'une heure, il y en a une qui dit :
- *Je crois qu'on ne le trouvera jamais !*
Et voilà qu'elle argumente :
- *C'est trop vaste. C'est chercher une aiguille dans une botte de foin, et il va bientôt faire nuit...*

Ce pessimiste camoufle son manque de motivation derrière une opinion prétendument réaliste. Il exprime, sans se l'avouer, son propre sentiment de découragement. Il en a marre et aimerait bien rentrer chez lui. Sa femme lui a préparé un bon gigot d'agneau, son plat préféré. Il est fatigué mais n'ose pas s'arrêter tout seul de peur de donner une image de "lâcheur". S'il arrive à convaincre les autres tout le monde s'arrêtera et la décision deviendra collective. C'est peut-être égoïste, mais tellement humain !

L'optimiste, lui, anticipe positivement. Il voit la solution avant de voir le problème. Tant qu'il n'a pas tout tenté, il ne baissera pas les bras, parce que l'âne peut en effet se trouver derrière cette dernière colline. Et Karma, qui n'a pas l'esprit de contradiction, arbitre la partie en toute impartialité. Il donne raison à tout le monde.

Le pessimiste pense qu'il n'y a pas d'issue et il aura raison. Il n'y a pas d'issue puisqu'il arrêtera de chercher. Et même s'il continue, il y mettra tellement de mauvaise volonté qu'il n'aura pratiquement aucune chance de trouver. L'optimiste, en revanche, augmente considérablement ses chances. Il sait qu'il existe toujours une solution quitte à l'inventer : Karma lui apportera satisfaction. Il finira par trouver si, bien entendu, l'objet de sa quête n'est pas totalement irréaliste... quoique. Les utopies d'hier sont bien, pour certaines d'entre elles, devenues les réalités d'aujourd'hui. L'optimisme entretient l'espoir et l'espoir est le cousin de la foi, celle qui peut déplacer les montagnes. Françoise Dolto écrit à ce sujet les lignes suivantes :

> "Chaque fois que se lève en nous une espérance en quelqu'un ou pour un but, notre courage se décuple, notre vie s'oriente, notre endurance aux épreuves en est fortifiée."
> *"La foi au risque de la psychanalyse", Points seuil 1983, p. 96.*

L'optimisme, l'espérance, l'espoir, la confiance ne sont que les expressions différentes, déclinées d'une force unique que l'on porte en soi et que l'on peut aussi appeler foi.

Mais qu'en est-il du réalisme ? Est-ce une troisième voie, qui aurait les accents et les avantages de la juste voie du milieu en évitant les excès des extrêmes ?

Si être réaliste, c'est éliminer les tentatives fantaisistes (complètement irréalistes), si c'est faire preuve de bon sens en analysant une situation avant de se lancer dans l'action, alors nous ne pouvons pas faire l'économie de ce réalisme. Généralement, le réaliste se rangera du côté de la plus grande probabilité. Dans certaines circonstances, si les chances sont faibles, être pessimiste équivaudra à être réaliste. A l'inverse, si elles sont grandes, l'optimisme sera plus approprié.

Mais l'optimisme peut être aussi une façon de s'auto-stimuler, de vouloir y croire, de faire la nique au prévisible. En mai 68, un des slogans les plus emblématiques disait : *"Soyons réalistes, demandons l'impossible !"*

L'optimiste augmente ses chances (il les optimise) alors que le pessimiste les amoindrit. 100% des gagnants au loto ont accepté de prendre le risque de jouer nous dit la publicité et c'est comme cela qu'ils ont gagné !

Les médecins de Norman Cousins, l'auteur du livre "*La volonté de guérir*[8]", lui avaient prédit une chance sur 500 de s'en sortir. Il ne s'est pas démobilisé pour autant, bien au contraire. Il a puisé dans ce diagnostic une rage de vivre, une volonté de combattre qui l'a sauvé. L'optimiste, c'est celui qui pense qu'il n'y a pas de raison qu'il ne soit pas ce chanceux sur les 500 personnes qui survivra, surtout quand il sait que la chance est plus liée à la volonté qu'au hasard. Il ne faut pas attendre qu'elle nous tombe dessus, mais aller de l'avant et la prendre à bras le corps. Ce n'est pas du loto mais de la pugnacité. Etre optimisme, c'est se persuader que ce

---

[8] Cousins Norman, *La volonté de guérir,* Seuil 1981

qui semble impossible peut être un des possibles que l'on a éliminé prématurément par manque de foi. Seul celui qui sait prendre des risques ou prendre sa chance, peut enfanter un avenir à son image.

Après le beau temps, la pluie

Le dessin suivant schématise les cycles de la vie. Les créneaux sont censés représenter les hauts et les bas par lesquels nous passons.

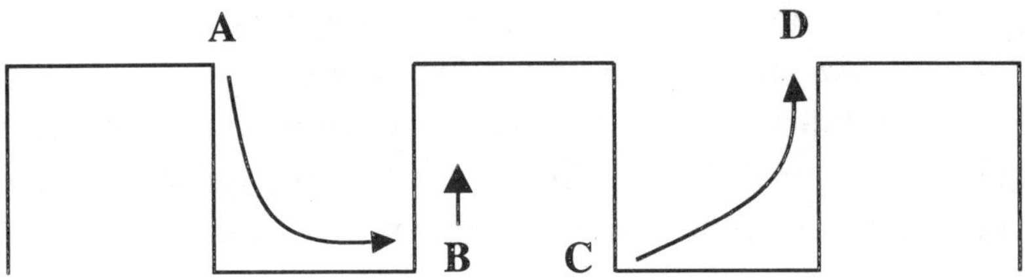

Schéma n°4 : l'optimisme et le pessimisme

L'optimiste, dans les moments difficiles (segment AB) reste confiant. Il est persuadé que les épreuves finissent toujours par passer, que l'on finit toujours par sortir du tunnel et il a raison ! Nous voyons bien en effet dans ce schéma la remontée qui s'annonce (à partir de B).

Le pessimiste lui, est persuadé que lorsque les choses vont bien (segment CD), cela ne peut pas durer, que cela va tourner à l'aigre et il a raison, puisque nous voyons bien que dans le schéma se prépare la dégringolade (à partir de D). Il est comme ce paysan qui, en constatant le beau temps se dit : *on va le payer* !

Selon la partie du schéma où nous nous trouvons, l'optimiste et le pessimiste auront raison à tour de rôle. Il existe cependant une différence importante entre ces deux tempéraments : l'optimiste a tendance à se réjouir et le pessimiste à se plaindre.

La foi en karma

> Avertissement : le ton des paragraphes suivants est sensiblement différent des précédents. D'un karma impersonnel, inexorable et insensible je vais, par la magie de l'anthropomorphisation[9], l'affubler de qualités et de sentiments humains. Je fais avec karma, ce que les religions ont fait avec Dieu : je le représente sous des traits qui tout en l'abaissant, nous le rendent plus proche. L'abaisser, c'est le mettre à notre portée. Ce sont les raisons qui expliquent et justifient selon les théologiens chrétiens les mystères de l'incarnation. Dieu qui s'abaisse (qui s'incarne), c'est l'homme qui s'élève. A l'arrivée, nous avons une rencontre qui laisse la porte ouverte à l'échange et au partage. Il est clair que ce procédé (l'anthropomorphisation) a une motivation essentiellement affective, et à ce titre, il est honorable. Nous pouvons dès lors l'utiliser sans en être dupe. La poésie, lorsqu'elle personnalise les forces de la nature ou l'Amour, utilise ce même procédé et nous n'en sommes pas particulièrement scandalisés.

[9] Anthropomorphiser, c'est attribuer à une chose, les caractéristiques propres à l'homme, par exemple représenter Dieu comme un vieillard à la barbe blanche.

On a beau être construit, on a beau être optimiste, n'empêche, il y a des jours où plus rien ne va. Nous nous sentons terriblement seuls, nous avons le sentiment de ne plus compter pour les autres. Pourtant, un simple coup de fil, un ami qui passe suffirait... Il est difficile de continuer à croire, de croire en l'homme, en la vie, en karma, quand plus rien ne va, et pourtant... A quoi sert la foi si elle s'évanouit dès qu'une épreuve montre le bout de son nez ? Est-ce que je ne t'aime que lorsque tu es gai ?

- *Accepter*

Accepter sa tristesse et ne pas chercher à tout prix à l'évacuer ou à la refouler. Elle a sa fonction, sa raison d'être, peut être aussi belle qu'un soleil couchant, aussi importante qu'une joie profonde. La tristesse est une caméra-sonde jetée à l'intérieur de notre âme et qui nous permet d'en savoir plus sur ce que nous portons en notre intimité. Elle est une des cordes de notre lyre intérieure et participe comme les autres, aux mélodies de notre âme. Elle est une de nos auberges de passage où il fait bon parfois s'arrêter avant de repartir. Elle est un baume et peut à ce titre calmer et même cicatriser. A sa juste mesure, elle ne nous emmène jamais à la désespérance. Karma ne mure pas les tunnels, il aménage toujours une porte de sortie.

- *Interroger le silence*

Le silence peut être fécond. Lorsque karma se tait, ce n'est que pour mieux nous laisser la parole. Le silence comme l'humilité aménage un espace pour accueillir la pensée. Le silence de karma est comme une page blanche dans notre journal intime, comme un psychanalyste silencieux qui écoute et qui comprend sans juger. Avoir la foi en karma c'est lui accorder en toutes circonstances notre confiance ; c'est être persuadé que tout ce qui arrive, arrive pour notre bien, même quand ça fait mal. Les attentes, les détours et les contrariétés, il ne les met en scène que pour susciter le meilleur en nous-mêmes. C'est un vrai ami. Nous pouvons lui faire confiance les yeux fermés.

S'il ne nous fait pas de cadeau, il ne nous abandonne jamais ni ne se désintéresse de nous. Il finit toujours par intervenir mais pas forcément il est vrai, au moment où nous le voulons. C'est lui qui décide et pas nous. Les comptes sont tenus à la virgule près, et on n'est jamais volé parce que tous ses mouvements obéissent à une justice implacable. Il nous accompagne dans nos épreuves et nous laisse toujours une chance. Il n'y a jamais de trop tard. "Trop tard", c'est quand on décide unilatéralement de jeter l'éponge, quand on décide de ne plus croire en sa chance.

Karma nous encourage fermement à pratiquer la sincérité et la transparence morale. Il ne sert à rien de feindre ou de tricher, parce qu'il est branché directement dans notre cœur et lit dans nos pensées. On ne peut jamais le tromper. Nous ne sommes que les ventriloques de notre âme. La foi en karma c'est accepter le présent parce que ce qui arrive est juste, et c'est exactement ce qu'il nous faut pour devenir meilleurs. Quant à l'avenir, construisons-le dès aujourd'hui et donnons-nous les moyens de le changer, s'il faut le changer.

Karma n'est pas seulement cette loi de justice, cette Némésis[10] qui rétablit toute harmonie perturbée, mais c'est aussi et surtout une loi de miséricorde qui n'agit que pour notre bien et qui choisit scrupuleusement les événements qui nous permettent de tirer notre épingle du jeu.

"Le cœur du karma c'est l'amour, sa fin est la Paix et la douce perfection."
Bouddha

La foi en karma ne déplace pas les montagnes

"Mon Dieu, avant, je doutais de moi. Je me suis mis à croire en Vous, ce qui m'a donné confiance en moi. Maintenant que je crois en moi, je doute de vous."
Sempé

Non, la foi ne déplace pas les montagnes. Il lui est impossible de contredire les lois de l'univers même si son domaine reste le possible. Le possible, c'est parfois l'exceptionnel, l'inattendu. Une chance sur un million, cela reste du possible. Avoir la foi en karma, c'est savoir que la vie n'est pas une partie de dés, et que l'incroyable peut faire irruption à n'importe quel moment. Quand on entend à la radio qu'un type a gagné la grosse cagnotte du loto, on sait très bien que ce n'est pas un mensonge et que ce monsieur existe bien quelque part. La foi en karma, c'est croire que les coïncidences font partie de la règle générale, que nous pouvons influer sur le cours des événements et attirer à nous, comme par une courbure de l'espace, l'inespéré. Mais il est clair que même

---

[10] Némésis est la Déesse grecque de la vengeance

avec cette foi, nous n'arriverons jamais à courir le cent mètres en cinq secondes.

La foi double notre volonté

La foi en karma, en Dieu, en la vie, en un ami, en n'importe qui ou en n'importe quoi est comme un désir nouveau qui tel un aimant, attire notre limaille de fer intérieure. Tout en nous se trouve ordonné, réorienté vers un seul et même but. Tout ce qui était dispersion s'unifie et se trouve par-là renforcé. Il n'y a plus de perte d'énergie, de déperdition ou de fuites, tout est colmaté.

La foi, c'est ce qui de l'intérieur, réunifie l'extérieur et nous réconcilie avec la vie. C'est le plus important qui met au pas l'insignifiant, le chef qui prend les commandes et qui arrive à se faire obéir quand l'ordre est donné. C'est une force qui nous permet d'accomplir ce qui, jusque là n'était pas à notre portée, parce que pâle, en retrait, endormie, comme une graine qui n'a pas encore rencontré l'eau qui réveillera en elle la force de la germination. La puissance de la vie est là, en potentiel, mais il faut les conditions extérieures adéquates pour que l'intérieur se réveille.

La foi, c'est comme un désir nouveau qui déclenche des processus de régénération. Elle déplace en nous ces montagnes d'inertie qui nous paralysent et nous empêchent d'avancer. La foi en karma motive et stimule, car nous savons au plus profond de nous-mêmes que tout effort sera récompensé, que nous avons les moyens de comprendre et de progresser. Le contraire de la foi, c'est le doute et la cacophonie, tout ce qui favorise en nous la confusion et la dispersion.

CHANGEMENT

Une précision sur le sens des mots avant d'aller plus loin. Le concept même de changement est sujet à polémique. Certains pensent qu'on ne change pas, que le poids de l'hérédité et du caractère sont tels qu'aucun levier ne peut les faire basculer. Les mêmes personnes reconnaîtront en revanche qu'évoluer est dans l'ordre du possible. Où se trouve la différence? Nous ne rentrerons pas ici dans un débat philosophique sur le sens profond du verbe changer, mais s'il vous gêne, remplacez-le par évoluer ou améliorer, cela ne portera pas fondamentalement à conséquence.

Change complet

Karma nous invite à changer. Or, les habitudes, les blocages et les peurs intérieures nous enferment dans une gangue dont nous avons du mal à nous défaire. Watzlawick, un des fondateurs de l'approche systémique (école de Palo Alto), analyse les raisons de cette paralysie interne et nous propose le test suivant pour les mettre en évidence.

Essayez de relier les neuf points de la figure page suivante par 4 lignes droites en gardant toujours le crayon sur le papier :

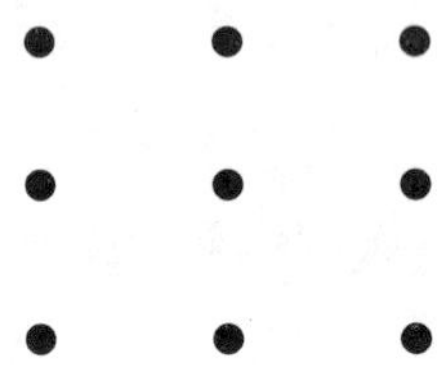

Presque tous ceux qui tentent d'élucider ce problème pour la première fois introduisent une hypothèse qui bloque la solution. Ils pensent que les points forment un carré fictif et que la solution s'inscrit à l'intérieur de ce carré. Ils s'imposent ainsi une restriction que l'énoncé ne comporte pas. De la sorte, ils ont beau tout essayer, il restera toujours un point qui ne sera pas relié, et qui ne le sera jamais si on applique cette méthode. La solution, et la seule, consiste à sortir de cette prison mentale, à élargir notre vision et prolonger les lignes droites sur d'autres points par delà le cadre fictif.

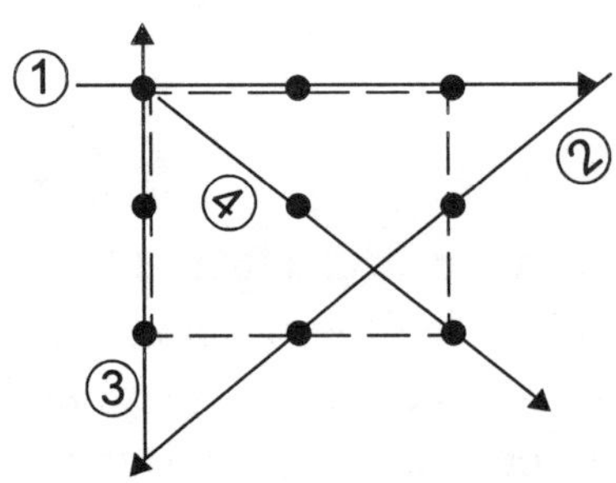

— — — Cadre fictif formé par les 9 points

——→ Les 4 droites reliant les 9 points

<u>Schéma n° 5 : solution du jeu des 9 points</u>

Karma semble procéder de la même façon. Il nous invite à prendre du recul pour aller voir dans cette autre partie de nous-mêmes, notre propre ailleurs, si nous y sommes. Il nous met face à notre image en nous montrant de l'extérieur nos frontières intérieures. Il nous amène à relier notre passé à notre présent, à voir notre dedans du dehors et notre dehors du dedans.

> De nuit, sous un réverbère, un homme accroupi, cherche quelque chose sur le sol.
> Un passant l'aperçoit et lui demande :
> - Que faites-vous là ?
> - Je cherche mes clefs dit l'homme en s'affairant.
> Le passant se met alors à chercher avec lui et au bout d'un moment demande :
> - Mais... vous êtes sûr de les avoir perdues ici ?
> Et l'autre de répondre :
> - Non, mais c'est le seul endroit où on voit clair.

Tourner en rond à l'intérieur du même problème ou voir les choses autrement, c'est ce que l'approche systémique appelle changement 1 ou changement 2. Lorsqu'un problème nous résiste nous avons tendance à faire souvent "*plus de la même chose*".

Si par exemple nous entrons en conflit avec notre enfant, nous pouvons être persuadés que nous trouverons l'issue en usant de plus de sévérité, alors que la plupart du temps, nous provoquerons plus de révolte. C'est un peu comme si nous n'utilisions que notre accélérateur alors qu'il suffirait de changer de vitesse pour débloquer la situation. L'école de

Palo Alto nous invite à chercher et même à inventer de nouvelles solutions. Aborder le problème sous un autre angle, c'est découvrir une façon inédite de le résoudre.

Etre soi et changer

Un des thèmes récurrents que l'on trouve à la fois dans la recherche spirituelle et le développement personnel est l'idée d'un retour à soi. Nombre de conférences et de stages reprennent la célèbre pensée de Pindare : "*Deviens ce que tu es*[11]" adoptée par les stoïciens et que nous retrouvons sous une autre forme dans l'ancienne maxime grecque inscrite sur le fronton du temple de Delphes et reprise par Socrate, "*Connais-toi toi-même.*"

Cela suppose que nous possédions intimement une connaissance qui s'est absentée, qui s'est enfouie au fur et à mesure que se sont déposés en nous les sédiments du savoir, les habitudes et les conditionnements transmis par notre famille sociale. A l'image de quelqu'un qui aurait oublié ses idéaux de jeunesse mais qui garde dans un coin de son cœur une petite nostalgie, nous nous sommes éloignés de ce que nous sommes réellement à cause des conditionnements et des influences choisis ou subis. Le but poursuivi et la mission paradoxale que l'on devrait se fixer consistera donc à changer pour mieux redevenir soi-même.

---

[11] On trouve cette maxime chez le poète latin Esope, et on la retrouve aussi chez Nietzsche dans son œuvre *Ainsi parlait Zarathoustra*

Je change, les autres changent

Le changement comme expression de la loi d'évolution, est inscrit dans l'ordre des choses. Le bébé devient enfant, l'enfant adulte, l'adulte vieillard, les mammifères ont pris le dessus sur les dinosaures et l'humanité de demain sera, à n'en pas douter, différente de celle d'aujourd'hui. Il y a bien sur terre quelques organismes qui ne sont pas modifiés depuis des centaines de milliers d'années mais c'est exceptionnel et on en connaît les raisons : absence de prédateurs ou vie dans un milieu confiné. La confrontation aux autres espèces et la soumission aux variations climatiques provoquent et transforment les organismes en les rendant plus adaptés aux nouvelles conditions de vie. La nature est un grand tout (le grand Pan), et l'évolution des uns entraîne l'évolution des autres.

Notre société, sur le plan économique obéit sur certains points, aux mêmes critères évolutifs. Une entreprise qui ne se donne pas les moyens d'investir régulièrement une partie de son capital en matériels et en formations ne sera plus compétitive.

Sur le plan du caractère individuel, ce principe ne se vérifie pas toujours. Une personne peut très bien garder les mêmes défauts et les mêmes qualités toute sa vie durant sans avoir l'impression de se mettre en danger. Mais si elle accepte de se remettre en question et si elle s'en donne les moyens (introspectifs, psychothérapeutiques ou autres), elle obtiendra à n'en pas douter des résultats autrement plus probants. Notre personnalité n'est pas immuable. Comme une glaise, elle peut se soumettre à notre volonté de changement et prendre de nouvelles formes. Certes, tout n'est pas possible. Certaines conditions, liées en particulier au désir, à l'expérience, à la confiance en soi et au degré de maturation, doivent être réunies pour qu'un changement puisse s'effectuer. L'école de Palo Alto, déjà citée, a très bien observé et étudié les différentes étapes nécessaires à tout processus de changement. Tout travail que nous faisons sur nous-mêmes modifie, dans les mêmes proportions, notre relation aux autres et dans une moindre part, le contexte dans lequel nous évoluons.

"*Un seul être vous manque et tout est dépeuplé*" a écrit Lamartine et il avait raison. Il ne s'agit pas ici de réalité objective, mais d'une projection ou, pour parler comme les tenants de la PNL, de notre modèle du monde. Le monde est à l'image de ce que nous percevons et ressentons. Si nous sommes amoureux, la vie nous paraîtra belle et si nous sommes déprimés, elle perdra sa saveur.

La prière

A 20 ans je n'avais qu'une seule prière :
Mon Dieu, aide-moi à changer le monde.
Ce monde insoutenable, invivable,
D'une telle cruauté, d'une telle injustice !
Et je me suis battu comme un lion.
Au bout de vingt ans, peu de choses ont changé.

Quand j'ai eu quarante ans, je n'avais qu'une seule prière :
Mon Dieu, aide-moi à changer ma femme, mon fils, ma famille...
Et je me suis battu pendant vingt ans comme un lion.
Sans résultat.

> Maintenant, je suis un vieil homme,
> Et je n'ai qu'une seule prière :
> Mon Dieu, aide-moi à me changer,
> Et voilà que le monde change autour de moi.
> *Poème soufi*

En mathématiques, pour modifier le résultat d'un rapport, il n'est pas nécessaire de changer les deux termes qui le composent. Prenons comme exemple la fraction suivante :

$$\frac{\mathbf{A}}{\mathbf{B}} = \mathbf{C}$$

Pour que le résultat "C" change, il suffit de modifier soit A, soit B. Il est inutile de changer les deux termes A et B. Maintenant, imaginons que ce rapport symbolise notre relation (bonne ou mauvaise) à l'autre.

La lettre A nous représente.
La lettre B représente l'autre.
La lettre C représente la relation.

Pour que la relation C soit modifiée, il suffit que l'un des deux termes change. Or, il est beaucoup plus facile de travailler sur soi (A) que de vouloir changer l'autre (B) mais c'est suffisant pour que la relation s'améliore. Cela illustre parfaitement la fin du poème soufi : *"je change et le monde autour de moi change."*

"Il y a des choses qui dépendent de nous ; il y en a

d'autres qui n'en dépendent pas". Epictète, le stoïcien grec, commence son célèbre manuel par cette phrase. Or, il dépend de nous de nous changer alors qu'il ne nous appartient pas que l'autre change. Il suffit donc d'agir sur soi pour que le monde autour de soi nous donne le sentiment d'avoir changé. Nous nous changeons et notre rapport au monde (et aux autres) s'en trouve changé proportionnellement.

Vouloir et pouvoir changer

Ce travail sur soi, ce changement demande l'accord de notre moi intime. L'autre est dans l'incapacité de nous changer si nous n'y mettons pas du nôtre. On ne change jamais personne contre sa volonté et sans sa complicité. La porte du changement ne s'ouvre que de l'intérieur et nous sommes condamnés à rester sur le seuil si l'autre ne nous invite pas à entrer. C'est en ce lieu que se prennent les décisions les plus personnelles , que naissent les nouvelles résolutions qui vont déterminer les nouveaux départs ou à l'inverse, provoquer les arrêts ou les démissions.

Le roi et le petit Prince

Il y avait un roi très égocentrique qui ne prenait du plaisir qu'à donner des ordres. Il se prenait pour un monarque universel et considérait toutes les personnes qu'il pouvait rencontrer comme ses sujets. Mais pour ne pas risquer d'être désobéi, il essayait de ne donner que des ordres très raisonnables.

- Si, disait-il, j'ordonnais à un général de voler d'une fleur à l'autre, à la façon d'un papillon, ou d'écrire une tragédie, ou de

> se changer en oiseau de mer, et si le général n'exécutait pas l'ordre reçu, qui de lui ou de moi serait dans son tort ? Si le général n'obéissait pas, ce ne serait pas de la faute du général, ce serait ma faute.
>
> *Saint-Exupéry, "Le Petit Prince", Folio Junior 1980, p. 39*

Nous avons tous des limites, mais nous avons également un étonnant pouvoir d'auto dépassement. Courir un marathon sans entraînement est impossible, mais avec de l'entraînement, l'impossible peut devenir possible et enfin, réalité. Cela suppose que l'on franchisse progressivement un certain nombre d'étapes et que l'on s'astreigne à un entraînement adéquat. Mais autant il est facile de comprendre et d'accepter ce raisonnement quand il s'applique à des limites d'ordre physique, autant nous avons parfois tendance à l'oublier quand il concerne le domaine psychologique.

Combien de personnes à l'individualisme forcené ont tendance à penser que tout n'est qu'affaire de volonté. "*On peut toujours si on veut*" est leur précepte favori. Le danger est qu'elles peuvent croire que ce qui est à leur portée, doit l'être également pour tout le monde. Grossière erreur ! Notre réalité n'est pas celle de notre voisin. Nous n'avons pas forcément les mêmes atouts et les mêmes moyens à notre disposition. Comme le dit le dicton : "*à chacun selon ses capacités*". Face à une même situation, personne ne se trouve à égalité, personne ne part du même endroit. Nous ne pouvons juger l'effort ou l'absence d'effort de notre prochain selon nos propres critères. Karma ne s'appuie pas, comme nous l'avons déjà vu, sur la performance ou le résultat, mais sur l'effort produit.

"Etre libre, ce n'est point pouvoir faire ce que l'on veut, mais vouloir faire ce que l'on peut" nous dit Jean-Paul Sartre. Le vouloir n'est pas roi : le pouvoir le restreint. Mais dès que la limite est définie, avec du temps et de l'assiduité, tout devient possible.

Beaucoup de personnes ne se donnent pas les moyens d'évoluer. En se mettant sur “pilotage automatique”, elles laissent la vie décider pour elles. La difficulté de l'entreprise et les risques qu'il faudrait prendre pour se remettre en question, les arrêtent avant même de commencer. Elles sentent confusément que cela les mènerait trop loin et qu'elles ne pourraient pas faire l'économie d'une souffrance qu'elles cherchent à fuir. Nous possédons tous ce potentiel évolutif mais nous n'en tirons pas toujours parti. Karma nous offre régulièrement des occasions de croissance. Il y va de notre responsabilité de ne pas rester sourd à ces sollicitations.

Les étapes du changement

Même si karma nous offre de nombreuses opportunités pour nous améliorer, il ne suffit pas, pour y arriver, de faire appel à notre bonne volonté. Pour changer, il nous faut remplir au moins les quatre conditions suivantes :

- Comprendre, car il est impossible de changer une chose dont nous n'avons pas connaissance. Tant que nous ne les comprenons pas, nous reproduisons les mêmes comportements. Cette condition s'applique tout autant aux choses extérieures qu'aux mécanismes intérieurs.

- Accepter, car il faut d'abord coller à la réalité pour se

donner les moyens de la changer. Reconnaître une faiblesse est une première étape avant de s'attaquer à elle. Se trouver des excuses ou se justifier est un aveu d'impuissance. C'est refuser le combat, c'est se voiler la face pour se donner le sentiment de la sauver.

- Motivation, c'est l'union du désir et de la volonté orientés vers le même but. C'est l'énergie qui va permettre à nos efforts d'atteindre nos objectifs.

- Stratégie, car il faut trouver le bon chemin, les bons moyens pour arriver à nos fins. La stratégie est la clé qui va nous permettre d'ouvrir la serrure qui nous barre l'accès de notre changement intérieur.

Les autres changent et nous changeons

Histoire d'un vieux manteau

Un jeune homme et son père vivaient ensemble dans la plus grande des misères. Ils n'avaient pour eux deux, qu'un seul manteau et l'hiver était rude. Le jeune homme partait tous les matins travailler dans le froid et le père restait à la maison. Un matin, le fils demanda le manteau au père arguant qu'il souffrait plus du froid, étant à l'extérieur. Le père fut choqué par la demande de son fils. Comment ce dernier pouvait-il seulement penser laisser son propre père dans le froid et ne pas prendre sur lui ! La discussion laissa place à l'incompréhension et à la rancœur. Ils décidèrent d'aller voir un rabbin pour lui soumettre le problème.

Devant le rabbin, chacun se prévalait de ses arguments. L'un, qu'il travaillait, l'autre qu'il était le père. Le Rabbin ne savait que répondre. Il demanda deux jours de réflexion avant de se prononcer. Les deux hommes le quittèrent un peu frustrés.

Mais voilà que sur le chemin, le fils se trouve coupable. Comment a-t-il pu à ce point manquer de respect à son père ? Comment a-t-il pu penser un seul instant le laisser dans le froid et ne pas prendre sur lui ? Le père, au même moment pense, lui aussi à son inhumanité. Comment a-t-il pu exiger de son fils le manteau et le laisser affronter le froid, alors que lui restait bien au chaud à la maison ? Ensemble, et presque au même moment, ils s'excusèrent et reconnurent leurs torts.

Chacun maintenant voulait céder le manteau et développait ses arguments. Mais aucun ne voulait céder. Paradoxalement, la situation était tout aussi bloquée. Ils décidèrent d'aller retrouver le rabbin pour lui demander de trancher.

A leur vue, le rabbin fut surpris. Il leur avait demandé deux jours de réflexion ! Ils lui répondirent en chœur, que le problème était différent maintenant, et chacun de développer ses arguments ! Le rabbin les arrête et propose la solution suivante.

Il a lui-même un vieux manteau dont il peut se passer. En leur donnant, le problème sera réglé, chacun ayant un manteau. Les deux hommes furent touchés et étonnés par cette solution. Pourquoi ne l'avait-il pas proposé la première fois ?

Le rabbin leur répondit qu'il n'y avait sincèrement pas pensé. Mais qu'en les voyant la deuxième fois, dans ces élans de générosité, cela réveilla en lui le désir d'en faire autant.

L'exemple est souvent communicatif et réveille l'envie. Peut-être a-t-il un effet désinhibiteur? Quand l'autre ouvre la voie, il suffit de suivre, profiter du courant qu'il a engendré dans son mouvement. Le plus difficile est de commencer. On se dit, *il l'a fait*, et cela nous stimule et nous encourage : *moi aussi je peux en faire autant* !

A l'inverse, dans le négatif, cette loi se vérifie aussi : le doute enfante le doute et le désespoir des uns peut tuer l'espoir des autres. Si nous sommes un exemple d'inquiétude ou d'angoisse, nous endossons la responsabilité de la transmission de ces traits de caractère à notre entourage. Nous sommes toujours potentiellement une source de rayonnement : soleil ou trou noir : il nous faut choisir.

Les quatre degrés d'implication (P.R.A.P.)

Le P.R.A.P est une échelle qui nous permet de mesurer le degré d'activité ou de passivité d'un individu quant il est sollicité par un changement.

- *Correspondant au premier "P"*, nous trouvons les *Passifs.* Ils correspondent au gros du troupeau, terme qui d'une certaine façon, les qualifie, car ils sont animés par un solide instinct grégaire. N'étant pas sûrs de la valeur de leurs propres idées, ils préfèrent se réfugier dans les modes et les sentiers battus. Il vaut mieux, pensent-ils, avoir tort avec les autres qu'avoir raison tout seul. Ils ne prennent presque jamais l'initiative et suivent dès que le cortège s'ébranle. A défaut d'agir, ils subissent et répondent aux propriétés physiques de l'inertie, des corps incapables de modifier par eux-mêmes l'impulsion initiale.

- *Le "R"* correspond aux personnes que l'on peut qualifier de *Réactives.* Elles ont comme point commun avec les passifs de ne pas prendre d'initiatives. A l'inverse, elles ne sont pas particulièrement attirées par l'uniformité ou les adhésions collectives car elles se reconnaissent des idées propres allant parfois à contre-courant. Plutôt individualistes, elles se positionnent en fonction de ce qui leur arrive : c'est l'extérieur qui révèle leur intérieur. Elles peuvent se montrer impulsives, voire têtues et tenaces. Leur courage est proportionnel au pouvoir de nuisance de leurs adversaires, et elles sont tout aussi capables de grosses colères irrationnelles que de grands élans de générosité.

- *La troisième lettre, le "A"*, correspond à la catégorie dite des *Actifs*. Ce sont des personnes qui contrôlent la direction qu'elles donnent à leur vie. Elles se fixent des objectifs réalistes et font tout pour les atteindre. Elles sont opportunistes et n'hésitent pas à rejeter ce qui les éloigne de leur trajectoire. Elles trient, sélectionnent et ne perdent pas de temps avec tout ce qui peut les freiner ou les détourner de leur but.

- Pour les *Proactifs*, *le dernier "P"* du PRAP, tout est bon comme dans le cochon. A l'instar des alchimistes, ils ont appris à transformer le plomb en or, c'est-à-dire les occasions douloureuses en opportunité de grandir. Ils pensent comme Nietzsche que "*tout ce qui ne les tue pas les rend plus forts*". Par delà les oppositions binaires du vrai et du faux, du bien et du mal, ils se plaisent à construire des passerelles.

Combattre les routines

Fidélité

Un jour un instructeur réunit tous ses disciples et les incita à questionner et même à émettre des critiques. Les disciples lui dirent :

- Maître ta conduite nous étonne, tu ne fais jamais comme ton père et maître, que nous avons connu avant qu'il te choisisse comme son successeur. Comment considères-tu son héritage, où est ta fidélité ?

Le rabbi posa un regard grave sur ses disciples, mais au fond de ses yeux brillait une étincelle de joie et de malice. Il leur répondit :

- Je vais vous expliquer, c'est très simple. Il n'y a pas plus fidèle que moi ! Je fais exactement, et en tout, ce que mon père a fait avant moi : de la même manière qu'il n'a jamais imité personne, moi non plus.

Marc-Alain Ouaknin, "C'est Pour cela qu'on aime les libellules", op.cit. p. 21

Dans le Talmud, il est écrit que ce ne sont jamais les mêmes anges qui chantent les louanges du Seigneur. Dieu les change chaque jour, non pas uniquement par souci "démocratique", afin que chacun puisse à tour de rôle bénéficier de ce privilège, mais pour que seul le *nouveau* ait droit de cité dans son royaume. Autrement dit, pour ne pas tomber dans la routine. Et de conclure : *"l'ennui est pire que la maladie, la répétition pire que le péché. Qui se répète déplaît à Dieu et s'en éloigne."*

Karma est par excellence la loi qui pousse l'individu à se remettre sans cesse en question. Nous avons le droit et le devoir de nous tromper, voire de régresser mais pas de nous arrêter. Chercher est plus important que trouver. Se contenter de ce que l'on est c'est vouloir finir ses jours dans une maison de retraite. Si le train karmique s'arrête de temps en temps dans des gares, c'est pour nous permettre de nous dégourdir les jambes, pas pour nous débarquer. Libre à nous de rester sur le quai. Dans la Bible, il y a cet épisode riche en enseignements, entre Abraham et son neveu Lot. Ce dernier, au moment de leur séparation, opte pour la sédentarisation en choisissant la vallée la plus arrosée.

> "Et il s'établit au milieu des villes de la plaine."
> *Genèse, 13-12.*

Nous savons où cela le mènera. Les villes de Sodome et de Gomorrhe qu'il y fonde symbolisent la matérialité et la déchéance. Abraham, lui, à l'inverse, choisit la vie nomade.

> "Lève-toi, parcours le pays dans sa longueur et dans sa largeur."
> *Genèse, 13-17.*

... et il héritera du projet divin. Dans le même registre, on trouve dans l'évangile apocryphe de Thomas, logia 42, cette parole de Jésus : " *Soyez passant*".

L'arrêt, le repos n'est pas une fin mais un ressourcement. Quand les batteries sont rechargées, la voiture peut repartir. Une des tâches de karma, consiste à nous faire sortir de nos torpeurs dans lesquelles nous risquons de nous enliser.

Des ronrons, train trains et autres routines

> "Etonnez-moi Benoît
> Marchez sur les mains
> Avalez des pommes de pain Benoît
> Des abricots et des coings,
> Et des lames de rasoir
> Etonnez-moi
> Coupez-vous les oreilles

Faites-moi le grand soleil
Accrochez-vous au rideau Benoît
Attrapez-moi au lasso
Etonnez-moi car de vous à moi
C'est fou c'qu'on s'ennuie ici !"
Chanson de Françoise Hardy, Paroles de Patrick Modiano.

Platon comme Aristote définissaient la philosophie comme une capacité d'émerveillement et d'étonnement. Nous pourrions élargir cette définition à la vie en général et aux relations que nous entretenons avec les autres en particulier. Comme le dit Nietzsche : *"on cesse d'aimer l'autre quand on découvre ses limites"*. Quand l'autre ne nous surprend plus, ne nous étonne plus, quand nous avons le sentiment d'en avoir fait le tour, la routine et l'ennui peuvent s'installer. La crise couve et elle peut déboucher sur une séparation.

Quand je suis venu habiter à Paris, je me souviens de mon émerveillement devant le rocher en béton du parc zoologique de Vincennes. Il émergeait au beau milieu du bois comme un pic montagneux inattendu sorti d'un conte de fées. Aujourd'hui, quand je passe devant, je le remarque à peine. Son côté magique a disparu. L'habitude lui a ôté son côté surprenant et c'est paradoxal car elle a plutôt tendance à renforcer les choses plutôt que de les l'atténuer ! C'est la raison pour laquelle la psychologie a inventé le terme habituation qui décrit le processus de diminution progressive d'une réponse devant un stimulus qui se répète sans changer. Nous ne savons pas voir les choses comme si nous les voyions à chaque fois pour la première fois. T.S Eliot, le poète britannique a écrit : *"nous ne devons pas nous arrêter d'explorer. Et la fin de notre quête sera d'arriver où nous avons commencé et de découvrir l'endroit pour la première fois".*

Dans le film de Bob Reiner "*Le Cercle des poètes disparus*", l'acteur Robin Williams alias le professeur Keatings encourage ses élèves à monter sur le bureau pour apprendre à voir les choses sous un angle nouveau. Ce n'est pas l'autre qui est pauvre mais notre regard que nous portons sur lui. Notre ennui met en évidence notre propre incapacité à nous auto-renouveler. Nous rencontrons une femme et c'est la passion. Elle émerge comme cette montagne au milieu du bois et nous sommes saisis, captivés par cette vision. Elle occupe toutes nos pensées et nous devenons obsédés à l'idée de la séduire. Si notre désir se réalise et si elle devient notre quotidien, elle risque de perdre progressivement son aura magique au point de nous laisser indifférents. Ce n'est pas elle qui aura changé, mais notre regard qui se sera habitué.

> "Passer notre amour à la machine
> Pour voir si les couleurs d'origine
> Peuvent revenir."
> *Alain Souchon*

Combien de couples amoureux sont capables de passer des heures à se regarder dans le blanc des yeux ou à batifoler sans ressentir le moindre ennui ! Mais ce capital amour, s'il n'est pas investi, risque progressivement de s'épuiser. La routine peut insensiblement momifier une relation. Paradoxalement, le domaine de prédilection où elle s'installe, n'est pas toujours la paresse ou le confort. L'hyperactivité peut aussi, être l'expression d'une routine, quand l'important n'est géré que dans l'urgence. S'arrêter, prendre le temps de penser, d'échanger, de confronter des points de vue, voilà un des secrets de l'anti-routine sans oublier bien entendu la part du rêve. Ne devenez pas les spectateurs des rêves que les autres réalisent !

La deuxième voie : réhabiliter nos habitudes

Nos habitudes ont le pouvoir, en nous libérant l'esprit, de nous rendre paradoxalement disponibles à la nouveauté. L'habitude s'installe quand un acte, une situation est parfaitement maîtrisée et qu'elle ne justifie plus la mobilisation de toute notre conscience. L'habitude c'est le conscient qui laisse l'inconscient prendre les rennes pour mieux se libérer et se concentrer sur de nouvelles tâches.

Lorsque nous prenons nos premiers cours de conduite, on nous demande de porter notre attention sur plusieurs tâches en même temps : passer les vitesses, regarder le rétroviseur, maîtriser le volant, observer les voitures devant, à droite et à gauche, ce qui nous paraît extrêmement difficile. Et pourtant, progressivement les gestes s'automatisent et il arrive un jour où nous les réalisons sans même réfléchir. Nous n'avons plus besoin de mobiliser notre conscience et nous pouvons alors librement penser à autre chose, discuter au volant ou réfléchir. De la même façon, les habitudes, en libérant notre conscience de ces tâches, la rendent de nouveau disponible à de nouveaux apprentissages.

Un autre aspect positif des habitudes est de nous offrir des repères qui nous sécurisent. Si elles peuvent scléroser, elles peuvent aussi renforcer la confiance en soi, en nous donnant un sentiment rassurant de maîtrise de la situation. Le déjà vu, le déjà connu rassure.

Garder le fil

Quand tout baigne, quand tout va bien, quand le mouvement est enclenché et entretenu, l'effort paraît facile. Comme pour le sport, il devient même source de plaisir et d'autosatisfaction. Mais quand les problèmes s'amoncellent, que nous n'arrivons plus à les gérer convenablement et que le stress commence à nous envahir, nous avons envie de démissionner car tout nous paraît pesant et compliqué. Un ami, qui pratique le Haïki-do depuis longtemps s'est arrêté pendant quelques mois. Quand il a repris son entraînement, l'épée qu'il maniait lui paraissait beaucoup plus lourde.

S'arrêter, c'est comme Pénélope, défaire la nuit ce que l'on a fait le jour. Combien de personnes se remettent au sport dès qu'il fait beau, font du footing au printemps, un peu moins en été et s'arrêtent complètement dès qu'il commence à faire froid. Et c'est la même chose pour les cours de japonais qu'on reprend pour la huitième fois, pour le livre qu'on est toujours en train de finir d'écrire et pour la vieille tante qu'on se promet d'appeler toutes les semaines. On va réussir à l'appeler trois, quatre semaines de suite, puis elle replongera dans l'oubli jusqu'à la prochaine crise de culpabilité. On passe ainsi d'un extrême à l'autre, éternelles oscillations de la vie et on recommence chaque fois presque à zéro. On court puis on s'arrête alors que marcher d'un pas soutenu et régulier suffit. L'évolution exige de l'assiduité. Il ne faut pas perdre le fil. Nous devons nous efforcer de garder le contact et régler le ralenti de notre vie pour éviter de caler même à l'arrêt. *Ne jamais terminer une journée sur un sentiment d'échec.* Avant de nous coucher, apprenons un mot dans le dictionnaire, téléphonons à un ami pour lui dire quelque chose qui lui fera plaisir, faisons un vœu avant de fermer les yeux, mais ne restons pas sur une impression négative. Que chaque journée nous apporte son lot de positif, son lot de nouveauté. Même si la pêche est pauvre, le principal c'est que le filet ne remonte jamais complètement vide.

Nomade s' land

On ira
"On partira de nuit, l'heure où l'on doute que demain revienne encore.
Loin des villes soumises, on suivra l'autoroute.
Ensuite on perdra tous les nord.
On laissera nos clés, nos cartes et nos codes, prisons pour nous retenir.
Tous ces gens qu'on voit vivre comme s'ils ignoraient qu'un jour il faudra mourir
Et qui se font surprendre au soir.
Oh belle, on ira.
On partira toi et moi, où ? Je ne sais pas.
Y'a que les routes qui sont belles
Et peu importe où elles nous mènent.
O belle, on ira, on suivra les étoiles et les chercheurs d'or
Et si on en trouve, on cherchera encore.
On n'échappe à rien, pas même à ses fuites
Quand on se pose on est mort (...)
On prendra les froids, les brûlures en face
On s'interdira les tiédeurs
Des fumées des alcools et des calmants, cuirasses qui nous ont volé nos douleurs
La vérité ne nous fera plus peur (...)
On s'arrêtera jamais dans les ports(...)"
Jean-Jacques Goldman

Nous nous trouvons régulièrement des excuses pour ne pas nous affronter à ce qui nous déplaît en nous. Nous pouvons ainsi tromper nos relations ou notre voisin, mais notre moi profond n'est jamais dupe. A quoi cela sert-il de battre les autres si la plus grande des batailles, celle que nous menons contre nous-mêmes, nous refusons de la mener ? Nous passons notre temps à danser sur les remparts de notre vie, à voir des spectacles extérieurs, à parler de soi aux autres si bien que quand nous nous retrouvons seuls avec nous mêmes, le silence nous paraît insupportable. Il nous faut vite allumer la télé ou appeler un ami. C'est comme si on ne supportait pas sa propre compagnie et que l'on cherchait à se fuir. Mais que cherche-t-on à fuir ?

> "Pour avoir si souvent dormi, avec ma solitude
> Je m'en suis fait presque une amie, une douce habitude
> Elle ne me quitte pas d'un pas, fidèle comme une ombre
> Elle me suit ça et là, aux quatre coins du monde
> Non je ne suis jamais seul, avec ma solitude !"
> *Georges Moustaki*

Les problèmes ne disparaissent pas quand on ferme les yeux. Pendant qu'on se distrait et que l'on se laisse vivre, le compteur continue à tourner. La vie a tout son temps et les huissiers finissent toujours par arriver. On ne fait pas le poids, c'est un combat perdu d'avance. Alors puisqu'il faut y aller, puisqu'on n'a pas le choix, a quoi cela sert-il de toujours reporter au lendemain l'obligation du jour. Il faut retrousser ses manches, prendre son courage à deux mains et s'attaquer aux vrais problèmes. La clé réside dans l'effort. C'est peut-être une souffrance au départ, mais elle finit toujours par s'atténuer et porter ses fruits. Ce qui est gratuit a peu de valeur ; ce qui se fait vite, se défait vite. Les grandes œuvres ne se réalisent pas en une heure, les océans ne se remplissent pas en un clin d'œil et le trois vient toujours après le deux. Et même si les commencements sont souvent beaux et prometteurs, ce n'est pas une raison pour s'y éterniser. Il faut se mettre en route, avoir le courage de partir pour ce voyage intérieur-extérieur.

Karma nous sert tous les jours sur de beaux plateaux des occasions pour commencer. La balle est toujours dans notre camp. Tous les jours, toutes les heures, il y a des navettes prêtes à nous emporter pour la grande aventure intérieure.

Le grand roque et le petit roque[12]

Si
"Si tu peux voir détruit l'ouvrage de ta vie
Et sans dire un seul mot, te mettre à rebâtir
Ou perdre en un seul coup le gain de cent parties
Sans un geste et sans un soupir (...)

(...) Si tu sais garder confiance en toi quand tous doutent de toi (...)
Si tu peux attendre, sans te lasser d'attendre
(...) Et ne pas haïr même quand on te hait.
Si tu peux affronter le triomphe et le désastre
Et traiter ces deux imposteurs d'un cœur égal
Si tu peux supporter (...) de voir brisées ces choses pour lesquelles tu as sacrifié ta vie
Et alors repartir de zéro et tout reconstruire de tes mains :

---

[12] Roquer est un mouvement dans le jeu d'échecs, consistant à placer l'une des tours auprès de son roi et à faire passer celui-ci de l'autre côté de la tour pour déstabiliser son adversaire.

Si tu sais faire un seul tas de tous tes gains
Et le miser sur un coup de dés
Et perdre et tout recommencer sans jamais
Laisser échapper un regret de tes lèvres (...)
Si tous les hommes comptent pour toi, mais aucun plus qu'un autre
(...) Tu seras un homme, mon fils !"
Rudyard Kipling (Traduit par Alain Suied)

Nous nous connaissons peu. Le possible nous paralyse et l'impossible nous tente. Nous prenons des chats pour des tigres, des cordes pour des serpents, et nous rions de nos peurs quand elles s'évanouissent. Connaître ses faiblesses est une force, ignorer ses forces est une faiblesse. Avant de se lancer dans des entreprises hasardeuses, il est préférable, comme pour une bataille, d'évaluer la puissance de l'adversaire et de ne pas surestimer ses propres forces. La réalité est incontournable : se connaître, c'est partir de cette réalité et l'accepter.

Quand dans une situation problématique, nous tournons en rond sans trouver la porte de sortie, quand nous avons essayé et réessayé toutes les solutions, il ne sert à rien de nous miner et de continuer à épuiser ainsi notre capital énergie. En s'inspirant des échecs, il est peut-être profitable de procéder à un roque et ainsi, de faire d'une pierre deux coups : déplacer son roi pour le mettre en sécurité et déstabiliser l'adversaire. C'est le principe de la "retraite de Russie". Abandonner provisoirement le combat pour se refaire des forces. Ce n'est pas de la lâcheté, c'est du réalisme stratégique. Le but consiste non pas à fuir, mais à reprendre la lutte dans de meilleures conditions. L'héroïsme, quand il nous condamne à la défaite est stupide. Il ne sert à rien de se croire plus fort que l'on est et de se mettre dans des situations que l'on ne pourra pas assumer.

Roquer, c'est revenir en arrière, s'obliger à recommencer différemment parce qu'on se trouve dans une impasse. C'est par exemple, faire un break avec son mari ou sa femme, prendre une année sabbatique, déménager, changer de travail, s'arracher à la situation qui pose problème et se projeter dans un autre contexte où tout nous paraîtra neuf et renouvelé. Roquer, c'est s'accorder une nouvelle réserve d'oxygène quand l'air devient irrespirable et que l'on se sent suffoquer. C'est partir avant de craquer, changer de contexte, provoquer un recul salutaire qui nous permet d'élargir notre regard et de voir une solution là où il n'y avait qu'un problème. C'est avoir le courage d'abandonner pour recommencer presque à zéro s'il le faut, comme dans le poème de Kipling.

Karma et patience

Le maître de patience

Un homme à la réputation remarquable avait un serviteur au visage atroce et au caractère impossible. Il ne pouvait recevoir un ordre sans se jeter aussitôt dans la colère, il s'asseyait grossièrement à table, servait mal, bousculait les invités et laissait son maître assoiffé.

Toutes les réprimandes le trouvaient indifférent et ne faisaient qu'aggraver le désordre et la négligence de son service.

Il cassait souvent de la vaisselle et on ne pouvait compter sur lui pour rien. Des amis du maître lui conseillèrent de se débarrasser de ce serviteur insupportable et d'en prendre un autre.

- Mais pourquoi ? répondit le maître en souriant. Je dois à mon serviteur un grand merci, car il m'a rendu meilleur. Oui, il m'a appris la patience et chaque jour, il continue à me l'apprendre. Et ce bienfait me permet de supporter tous les autres embarras de la vie.

Karma nous apprend la patience comme un jardinier au contact de la nature. Ce n'est pas en trépignant, qu'il fera pousser plus vite ses salades et ses tomates finiront bien dans son assiette quand elles seront rouges et gonflées de soleil. Chaque chose arrive en son temps et pas forcément au nôtre. L'impatience est un enfant gâté qui veut un jouet au moment où il le voit. Les adultes aussi se comportent souvent comme ces enfants avec leurs belles voitures et leurs belles toilettes. Ils ont autant de caprices, mais à la différence des enfants, ils se les payent.

Apprendre à attendre c'est préparer, comme le fait Jean Baptiste, le chemin, c'est apprêter la maison pour préparer la venue du Seigneur. Le Seigneur, c'est karma qui peut frapper à n'importe quel moment à notre porte pour nous apporter des bonnes ou des mauvaises nouvelles. Il peut être déguisé en Père Noël, et avoir dans sa hotte des cadeaux ou au contraire en *faucheuse* et apporter la mort et la désolation. Comme le dit, lors d'une interview le philosophe Jean Guitton qui a fini par nous quitter en 1999 : "*je veux bien être interrompu, mais pas surpris.*"

Il faut se tenir prêt, de manière à ne pas être surpris quand on viendra frapper à notre porte, pour les bonnes comme pour les mauvaises choses. Karma n'est pas à nos ordres : c'est Sa Volonté et non la nôtre qui doit s'accomplir. Nous n'avons pas le choix : il faut s'en accommoder, attendre et avoir confiance ou plutôt *attendre et espérer* comme le dit Alexandre Dumas dans la dernière phrase du *Comte de Montecristo*. La roue finit toujours par tourner. Ce n'est que lorsque la tristesse se retire que la joie, comme le coq au matin, peut chanter son hymne à la vie. Elles sont très rares, ces destinées, où tout va mal ou tout va bien. Pour la plupart d'entre nous les tristesses suivent les joies et comme au jeu de saute mouton, nous sommes à tour de rôle mouton ou sauteur.

Nous agissons puis nous subissons, et karma nous apprend à subir activement, en usant de patience et d'intelligence. Ce sont les contrastes qui font la beauté des choses.

"Pour qu'un ciel flamboie
Le rouge et le noir
Ne s'épousent-ils pas ?"
"Ne me quitte pas" Jacques Brel.

La vie est le mariage de l'ombre et de la lumière. Les vallées sont belles parce qu'elles sont mises en valeur par les plateaux et les montagnes. La vie sans ces contraires ne serait que morne platitude. Une joie permanente n'est plus une joie.

Le but de karma n'est pas de nous faire vivre des moments beaux et forts (bien qu'il n'ait aucune raison de s'en priver), mais de faire en sorte qu'ils s'intègrent en nous, en nous transformant. Ni cigale, ni fourmi, il nous faut apprendre à devenir "*cigourmi" ou "fourmale"* : vivre intensément l'ici et maintenant sans perdre de vue la finalité. S'efforcer de ressembler à ces grands maçons, compagnons du devoir[13], qui savent se concentrer sur la pierre qu'ils posent, tout en gardant à l'esprit l'image majestueuse de la cathédrale qui s'élève. La patience consiste à trouver en chaque instant qui passe une raison et une justification, une occasion d'apprendre. L'impatience, en nous projetant mentalement dans le futur, court-circuite le présent et nous rend indisponible aux leçons du moment.

Qu'importe l'ivraie, pourvu qu'on ait le grain !

La parabole du grain et de l'ivraie

Un homme sema de la belle semence dans son champ. Pendant qu'il dormait, son ennemi est venu, et il a semé par-dessus de l'ivraie (des mauvaises herbes). Or quand l'herbe eut poussé et eut produit du fruit, alors est apparue aussi l'ivraie. L'homme demanda alors à ses serviteurs : Laissez croître ensemble l'un et l'autre jusqu'à la moisson. (...) Ramassez d'abord l'ivraie et brûlez-la. Puis recueillez le blé.

(Matthieu 13, 24-30)

Dans la Bhaghavad Gita, le poème tiré de l'épopée indienne le Maha Bharata, deux armées, constituées de membres de la même famille, sont prêtes à s'affronter. Ce combat est censé représenter symboliquement le combat que nous devons mener "contre" nous-mêmes, contre nos défauts

[13] *Les compagnons du devoir* sont des ouvriers d'une même profession ayant les mêmes valeurs (accueil, partage des savoirs...) et faisant un *tour de France* pour apprendre parfaitement leur métier.

ou faiblesses qui nous empêchent d'évoluer. Engager le combat, c'est donc risquer de tuer des membres de notre propre famille, c'est-à-dire, des parties de nous-mêmes. Dans le *Manuel* d'Epictète (LI, 2), nous retrouvons cette idée sous une autre forme :

> "S'il se présente quelque chose de pénible, d'agréable, de glorieux ou d'obscur, souviens-toi que l'heure de la lutte est venue, que tu es aujourd'hui comme aux jeux Olympiques, que tu ne peux plus différer et qu'il ne tient qu'à un seul jour et qu'à une seule chose, que tes progrès soient compromis ou confirmés."

Il nous faut apprendre à être toujours sur le qui-vive. Même les événements positifs ou agréables peuvent engendrer en nous de mauvaises habitudes. L'ancien qui est déjà là, est souvent plus fort que le nouveau qui n'est pas encore là. C'est la prime à l'ancienneté. Agir sur l'effet en ignorant la cause risque de provoquer ce que la psychanalyse appelle un déplacement ou un refoulement. La cause étant toujours présente, elle rejaillira sous une autre forme à la première occasion. C'est comme quelqu'un qui s'arrête de fumer et qui devient obèse.

S'acharner sur le négatif, c'est lui donner une force qu'il tire de cet acharnement même, comme un ressort que l'on comprime et qui accumule en lui une énergie équivalente. Chercher à l'extirper, n'est pas forcément mieux. Ce que nous retirons crée un vide et la nature, c'est bien connu, a horreur du vide. En développant le positif, le négatif s'atrophie de lui-même. Chercher dans la lumière est toujours plus facile que de chercher dans l'obscurité. Il ne faut pas avoir peur de descendre dans ce qui est obscur en nous pour y apporter de la lumière. Comme le disent les orientaux : "*mieux vaut allumer une chandelle que maudire l'obscurité.*"

Et la lumière fut !

L'ampoule

De quoi est constituée une ampoule ? D'un espace vide enclos dans une paroi de verre à l'intérieur de laquelle se dressent un pôle négatif et un pôle positif reliés par un filament que l'on nomme aussi résistance, et qui porté à incandescence par le passage d'un courant électrique, produit de la lumière. De la même façon, nous portons en nous des résistances qui, en transformant notre énergie négative en énergie positive, produisent une lumière-connaissance qui nous éclaire de l'intérieur.

Belle métaphore ! De la résistance portée à incandescence jaillit la lumière ! Echauffement du combat entre deux forces intimes, l'une qui veut sortir, l'autre qui veut rester. Rougissement comme ce pourpre qui nous monte aux joues quand nous nous trouvons brutalement confrontés à nos hontes ! Inflammation, réaction de défense à l'endroit où le corps est meurtri, là où en un combat douteux, s'affrontent en nous le désir et la mort. Paradoxe de cette double contrainte existentielle : prendre goût à l'effort. Aller là où ça fait peur, là où ça peut faire mal. Combat initiatique ou masochisme ?

Nous sommes programmés pour fuir ce qui peut nous faire mal ! L'animal n'a pas de problème de conscience : il se meut vers ce qui peut lui procurer du plaisir et se détourne de ce qui peut le faire souffrir. Avec l'homme s'ouvre une troisième voie, singulièrement paradoxale, celle où il faut y aller surtout quand ça résiste en nous ! Ambivalence de nos résistances ! Elles sont comme les frontières, ce qui nous protège de l'extérieur et ce qui nous enferme à l'intérieur. Les repousser c'est se grandir. C'est un travail de conquête intérieure.

> "S'efforcer d'acquérir la connaissance, c'est cela mener la guerre sainte, faire des efforts."
> *Idries Shah, "Sages d'Orient", Presse Pocket p. 150*

Il faut une véritable force d'âme pour consentir à engager ce combat. Il est tellement plus agréable de se complaire dans le déjà connu, dans le confort intérieur.

Les soufis, ces mystiques musulmans, prêtent leur attention à tout ce qui leur paraît difficile, étrange ou inacceptable parce que c'est le signe, selon eux, que quelque chose a heurté leurs évidences et qu'il faut se préparer au combat. L'éveil à la connaissance est une aventure qui nous invite sans cesse à nous désinstaller, à sortir de nous-mêmes pour conquérir de nouveaux territoires. C'est la peur de l'inconnu qui nous pousse à fabriquer nos armures et nos masques. En nous protégeant, nous nous séparons, nous nous isolons des autres. Affronter nos peurs, c'est d'une certaine façon leur retirer leur pouvoir de nuisance.

C'est passer du subir à l'agir. Marc Aurèle, empereur romain et philosophe (121-180), nous y exhorte de la façon suivante :

"Habitue-toi à tout ce qui te décourage. La main gauche, en effet, tout inhabile qu'elle soit en tout le reste, faute d'habitude, conduit les rênes plus fortement que la droite ; c'est qu'elle y est habituée."
Marc-Aurèle, "Pensées pour moi-même", Garnier Flammarion 1971, p. 181

Le premier pas

Dans tout changement, c'est le commencement, qui est le plus facile et le plus difficile à la fois. Le plus facile parce que c'est excitant comme un premier cours de piano ou de karaté. Le plus difficile, parce qu'on s'attaque à nos habitudes, et il est évident qu'elles ne vont pas se laisser chasser de leur territoire sans combattre. Ceux qui ont essayé de s'arrêter de fumer le savent très bien : ce sont les premiers jours qui comptent. Quand le cap est passé, l'effort, sans être relâché, peut être moins soutenu.

Pour un vaisseau spatial, s'arracher à l'attraction terrestre exige plus d'énergie que le reste du trajet. De même, nos habitudes exercent sur notre vie une force de gravité énorme dont il faut se défaire pour retrouver notre marge de manœuvre. Une fois cette force vaincue, notre liberté retrouve sa vigueur et le moindre effort nous paraît alors plus facile parce que la résistance est amoindrie. Et si l'on persévère après cet effort initial, on atteint assez rapidement un palier, phase ou le nouveau peut être assimilé et intégré sans subir une réaction de rejet.

Il est intéressant de noter qu'en psychologie, la résistance est définie (par Freud) comme l'ensemble des tentatives produites par le malade pour s'opposer aux effets de la thérapie psychanalytique, les névroses n'étant que les défenses construites par notre psychisme pour refouler les épisodes les plus douloureux de notre passé. Elle est donc un mécanisme interne dont la fonction première est de nous sécuriser. Mais en nous protégeant, elle nous enferme et nous empêche d'aller au fond de nous-mêmes, pour résoudre nos conflits, un peu comme une mère qui en surprotégeant son enfant, le fragilise.

Kurt Lewin, psychologue allemand (1890-1947), a étendu cette notion au groupe social, qui selon lui élabore les mêmes mécanismes de défense. Tout groupe, explique-t-il, tend vers un équilibre quasi stationnaire. Toutes les forces de changement qui tendent à l'y arracher sont mises en échec par une résistance créée au sein même du groupe et égale à la force qui tente de le déstabiliser. C'est la raison pour laquelle, dans les entreprises, toute réorganisation ou toute modification des habitudes de travail sont souvent mal vécues et déstabilisantes. La résistance est donc une des formes que prend l'instinct de conservation des organismes individuels ou collectifs. Karma, en modifiant les conditions extérieures, oblige l'individu à engager intérieurement un processus d'adaptation dont l'enjeu est son progrès et sa survie.

Le goût des efforts

Avis

Nasrudine se met à haranguer les gens sur la place du marché.

- Hé ! Vous autres ! Voulez-vous la connaissance sans peine, le vrai sans le faux, la réalisation sans effort, le progrès sans sacrifice ?

En un clin d'œil, une foule immense s'était assemblée autour de lui.

Et tous de crier : Oui ! Oui !

- Parfait dit-il. Je voulais seulement me faire une idée. Si jamais je découvre une chose pareille, vous pouvez compter sur moi pour n'en rien vous cacher.

L'évolution progresse comme une spirale ascendante et l'effort correspond à la phase de transition qui nous permet de passer du moins au plus, de remplacer l'ancien par le nouveau. Comme le dit le poète libanais Khalil Gibran, “elle fait éclater la coquille”. La connaissance, le vrai, la réalisation, le progrès ne peuvent pas faire l'économie de la peine, de l'effort, du sacrifice. Mais avec la loi de karma, ces notions perdent leurs connotations judéo-chrétiennes de correction, de pénitence avec un sentiment d'écrasement et parfois, d'abandon. Nous pouvons les vivre, si nous le voulons, joyeusement comme autant d'occasions d'élévation, avec un sentiment d'exaltation et de plaisir identique à celui ressenti par le sportif au moment de l'effort.

Que ce soit dans le domaine physique, dans les arts ou dans l'univers de la connaissance de soi, seule la pratique assidue et les exercices permettent le progrès. Les cadeaux que nous fait la vie, s'ils ne sont pas le fruit de notre mérite, peuvent nous être retirés.

Je commencerai le second mois

Un homme entre dans une salle de gymnastique et demande les prix des abonnements.

- C'est deux cents francs le premier mois et cent francs à partir du deuxième mois.

- Très bien. Je commencerai donc le deuxième mois !

Nous voulons le beurre et l'argent du beurre et nous oublions que la valeur d'une chose est proportionnelle au temps et aux efforts que nous lui consentons. Celui qui donne, reçoit. Karma, loi de justice, veille à ce que les deux plateaux de la balance soient équitablement répartis. A travers l'effort, ce n'est pas la souffrance qui est recherchée mais le bénéfice intérieur qu'il nous apporte. Karma n'accorde aucune vertu rédemptrice à la souffrance vécue en tant que telle. N'oublions pas qu'étymologiquement le mot travail est issu du latin "trépalium" et désigne un instrument de torture. Avant le péché, l'homme était un oisif divin et cette non-activité était son paradis. Il vivait selon sa nature et n'envisageait aucune remise en question, aucune évolution.

Eden, c'est le ventre de la mère où le fœtus se trame au chaud. Le péché originel va bouleverser toutes ces données. Adam va se découvrir inachevé. Le fruit consommé ne va pas le rendre imparfait mais l'amener à prendre conscience de son imperfection. Suprême paradoxe : c'est le fruit de l'arbre de la connaissance qui le rend "ignorant" ! A partir de ce moment, le travail s'impose pour réduire la distance qui le sépare dorénavant de son Père céleste. Et c'est Dieu lui-même, qui, en lui donnant un coup de pied au derrière, le renvoie d'Eden et l'oblige à travailler. Congédié l'Adam ! Avec le péché originel, commence l'histoire du monde.

Karma
dans la vie quotidienne

Cas pratiques

CONNAISSANCE

De même que la philosophie semble avoir évacué depuis Kant le débat sur la prétendue existence des "choses en soi", de même que la physique quantique a prouvé que toute observation ne peut être conçue en dehors de son observateur, il paraît évident aujourd'hui que la relativité fasse partie intégrante de notre rapport au monde. Mais si tout est relatif, où est le bien et où est le mal ? Sommes-nous condamnés à errer sur des sables toujours mouvants ?

Tout est relatif... et réciproquement

Histoire du monde

Quand Moise est arrivé, il a dit : tout est loi.
Jésus est arrivé et a dit : tout est amour.
Marx est arrivé à son tour et a dit : tout est argent.
Suivi de Freud qui a dit : tout est sexe.
Enfin Einstein arrive et dit : tout est relatif.

Si la soupe est trop chaude, il faut souffler dessus pour la refroidir, et si nos mains sont trop froides, il suffit de souffler dessus pour les réchauffer. Le même souffle peut réchauffer ou refroidir selon le contexte. Si nous nous trouvons face à une personne, ce qui sera à gauche pour nous, sera à droite pour elle. Pour sortir de la relativité, il faudrait une référence absolue. Quelle pourrait-elle être ? Pour certains, c'est Dieu et ses commandements, mais chaque religion, chaque secte s'en fait sa propre image et pour chacune d'entre elles, chaque individu en a une vision personnelle différente de celle de son voisin. "*Dieu a créé l'homme à son image et l'homme le lui a bien rendu*" a dit Voltaire fort à propos. Gandhi était persuadé qu'il y a autant de Dieu que d'individus. Citons-le :

> "Pour moi, Dieu est vérité et amour (.....) Dieu est conscience morale. Il est même l'athéisme de l'athée... Il transcende la parole et la raison... C'est un Dieu personnel pour ceux qui désirent sa présence personnelle. Il est incarné pour ceux qui désirent sa présence tangible. (...) Pour ceux qui ont la foi simplement, Il est."
> *"Tous les hommes sont frères", Folio essais 1995, p.112*

Si tout est en mouvement dans notre univers, sur quoi pouvons-nous nous appuyer pour dire qu'une chose est immobile ? Nous avons tous, en gare, déjà eu l'impression, en regardant par la fenêtre, que notre train s'ébranlait alors que c'était l'autre, en face, qui s'en allait. C'est le quai, référence commune immobile, qui nous permet de savoir qui est en mouvement.

Kant pense que l'espace et le temps ne sont que des données de notre conscience et Einstein a enfoncé le clou en prouvant que la relativité s'applique aussi à l'espace et au temps. Selon sa théorie, l'espace, soumis aux forces gravitationnelles peut devenir "courbe" et le temps, soumis à des vitesses proches de celle de la lumière, peut s'allonger ou diminuer selon le point de référence. Ainsi, un individu s'éloignant de la terre sur un vaisseau spatial filant à très grande vitesse, vieillira moins vite que celui qui sera resté sur place. De même, lorsque nous observons le ciel, chaque étoile que nous contemplons n'est que l'image d'un passé révolu. Ces astres, nous le savons aujourd'hui, sont peut-être morts depuis plusieurs millions d'années.

Dans ces conditions, qu'est-ce que le temps ? Qu'est ce que le présent ? Le passé est révolu, le futur n'est pas encore et le présent disparaît aussitôt manifesté.

La salade et l'escargot

Un sage se promène dans la campagne, accompagné de trois de ses disciples. Le premier aperçoit une limace sur une salade de leur potager et s'adresse au maître.

- Maître, ne faudrait-il pas tuer cette limace car elle mange notre salade qui est la condition de notre survie.

- Tu as raison, répond le maître.

Le second disciple semble décontenancé.

- Maître, tu nous as toujours enseigné qu'il fallait respecter toutes formes de vie. Tuer cette limace serait tuer la vie.

- Tu as raison, répond le maître.

Le troisième disciple, plus que surpris demande :

- Maître : tu as dis au premier disciple qu'il avait raison. Au second, qui a dit le contraire tu as dit qu'il avait aussi raison. Ils ne peuvent pas avoir raison tous les deux en même temps !

Le maître répond : tu as raison.

La vérité est-elle aussi une notion relative liée à notre potentiel évolutif ? Aujourd'hui nous croyons avoir raison et dans un an nous penserons peut-être le contraire avec la même bonne foi. Ce ne sera par forcément un revirement ou une renonciation, mais un simple complément d'information qui nous amènera à reconsidérer notre point de vue comme un scientifique qui, ayant observé de nouveaux faits, se trouve dans l'obligation de reconsidérer ses hypothèses initiales et d'en formuler de nouvelles qui s'intégreront dans un ensemble plus vaste et plus cohérent (nouveau paradigme[14]). Cheikh Bentounès, soufi et chef de la confrérie Alawiya, a écrit : "*Il n'y a pas deux fleurs, deux flocons de neige, deux humains identiques (...) Pourquoi y aurait-il une seule religion pour tous ? La multiplicité des croyances est voulue par Dieu*".

Karma, de par sa logique interne, ne peut être qu'intolérant pour les intolérants. Si nous croyons que nous détenons l'unique vérité, nous nous confrontons à ceux qui en pensent tout autant de la leur. L'opposition éveille l'opposition comme la violence génère la violence. Nous vivons selon un système binaire où le vrai et le faux, le bien et le mal s'affrontent. Il nous est difficile d'accepter que l'autre puisse avoir raison, si cela nous oblige, implicitement, à reconnaître nos torts ! C'est un rapport de forces où il n'y a pas de place pour deux gagnants.

L'éléphant

Un jour, on ramène d'Inde un éléphant que l'on enferme dans une étable obscure. La population curieuse de connaître un tel animal, se rend dans l'étable pour l'observer. Comme on

[14] Un paradigme est un cadre, un modèle scientifique qui permet d'expliquer ou de trouver un sens aux phénomènes.

n'y voyait rien, chacun s'approche de lui, pour le toucher.

Le premier palpe sa trompe et dit :

- Cet animal ressemble à un long tuyau.

Le second touche une grosse patte et affirme :

- Non, il ressemble à un pilier.

Le troisième tâte une oreille, et sûr de lui, se permet de contredire les jugements précédents en affirmant que l'éléphant ressemble à un grand éventail. Une dispute s'en suit où chacun fait valoir ses arguments.

Un homme qui passait par-là et qui avait déjà vu un éléphant leur révèle alors la vérité. Personne n'avait tort et pourtant personne n'avait raison. Ces points de vue sont tous fragmentaires. La Vérité les englobe tous !

Comme le dit Lanza del Vasto (1901-1981), chantre occidental de la non violence :

> "Le mal n'est pas un mal, mais un bien partiel pris pour le bien total, un bien immédiat pris pour un bien éternel. Le contraire de la justice n'est pas l'injustice mais la partialité. Tout mal et toute injustice commence par l'erreur."
> *"Technique de la non violence", Editions Denoël/Gonthier 1978, p. 16*

Nous retrouvons ici le point de vue platonicien sur la connaissance selon lequel l'ignorance est à la source de nos jugements fautifs et par conséquent, de nos actes illicites. Si nous faisons le mal, c'est parce que nous méconnaissons les réelles conséquences de nos actes. Nous trouvons dans le Gorgias de Platon, la célèbre affirmation de Socrate selon laquelle : *"nul n'est méchant volontairement."* Arnaud Desjardins le paraphrase en disant qu'il n'y a pas de méchants, seulement des mal-aimés. Mais cela n'atténue en aucune façon notre responsabilité puisque nous demeurons fondamentalement responsables de notre ignorance même quand elle est inconsciente comme le souligne ce passage de Jung.

> "La société est plutôt indulgente pour les pécheurs inconscients de leurs péchés. La nature, elle, cependant, ne partage nullement cette miséricorde pour les pécheurs inconscients. Elle les punit tout aussi durement que s'ils avaient commis un délit conscient."
> *C. Gustav Jung, "Psychologie et religion", Ed. Buchet/Chastel 1974, p. 152.*

Et cela nous paraît juste, car il serait trop facile de se complaire dans la paresse de l'ignorance pour en tirer le bénéfice de l'amnistie morale.

Dans la Genèse, plus que de désobéissance, Eve se rend coupable d'exagération. Dieu avait interdit à Adam de manger du fruit de l'arbre de la connaissance du bien et du mal sous peine de mourir.

> "Mais de l'arbre de la connaissance du bien et du mal tu ne mangeras pas car, le jour où tu en mangeras, tu mourras certainement."
> *Genèse 2, 17*

Eve, en s'adressant au serpent, étend sans trop y prêter attention, cette peine au toucher.

> "La femme répondit au serpent : " Nous pouvons manger du fruit des arbres du jardin . Mais le fruit de l'arbre qui est au milieu du jardin, Dieu a dit : - Vous n'en mangerez pas, vous n'y toucherez pas sous peine de mort."
> *Genèse 3, 3*

A aucun moment, Dieu, dans la Genèse, n'a mentionné ni interdit le toucher : c'est Eve qui le cite et elle se laisse glisser insensiblement hors de l'énoncé initial. Elle interprète, elle en rajoute et s'écarte ainsi insensiblement du message originel. Nous assistons en direct au prélude de ce qui sera appelé par la suite *chute ou péché originel*. Le serpent n'aura qu'à rafler la mise. Dieu regagne les coulisses et la création en tant que dualité peut commencer. Ajouter ou à l'inverse, amoindrir, retrancher, peut nous amener à nous écarter de la juste voie, de la bonne mesure.

Connaissance connectée

La connaissance est, nous semble-t-il, nécessaire mais non suffisante. Connecter, c'est trouver la relation qui existe entre l'extérieur et l'intérieur, c'est relier les effets à leurs causes et retrouver la source. La vie, pour suivre son cours, ne peut être une juxtaposition d'éléments mais une symphonie, un opéra dans lequel chaque note s'intègre dans un grand ensemble harmonieux. Connecter c'est chercher à réunifier ce qui est séparé, c'est faire que le multiple tende vers l'unique, dans un même et unique projet.

La paix ne peut s'obtenir en éliminant, mais en réconciliant les contraires. Connecter, c'est relier dans les deux sens : incarner la philosophie dans notre vie et intégrer notre vie dans la philosophie. C'est tout faire pour que la greffe prenne, qu'elle donne à son tour des bourgeons et des fruits. C'est faire éclore en nous une nouvelle croissance. Tout ce qui ne s'intègre pas est condamné à rester à l'extérieur comme un corps étranger ou un intrus.

"Je suis comme un jardinier qui coupe les branches mortes, (...) je retire ce qui est (en moi) desséché et sans sève."
Rumi, "Le Menesvi", Ed. Albin Michel 1996, p.43

Pour nettoyer les écuries d'Augias, Hercule a détourné le cours d'une rivière. C'est faire d'une pierre deux coups : retrouver la source et l'utiliser pour nettoyer et clarifier ce qui dans notre vie stagne et croupit. Connecter, c'est reconstituer le circuit complet, le cycle du contact diraient les Gestaltistes. C'est pénétrer au cœur de la volonté karmique pour comprendre et accepter, non pas comme un mouton qui va à l'abattoir, mais comme une mariée qui va à la noce. Jésus reprochait aux Pharisiens de se comporter comme des hypocrites c'est à dire de se déconnecter de leurs propres convictions : "*faites ce que je dis, mais ne faites pas ce que je fais*". Karma nous invite à nous engager des pieds à la tête, à renouer et à nous réconcilier avec notre passé. Il nous faut pour cela réhabiliter toutes les parties exilées, oubliées, refoulées de notre être.

La raison du plus fou

Histoire belge

Un belge sur l'autoroute, allume sa radio et entend.
- Un fou est en train de remonter l'autoroute en sens inverse !
- Un fou ? Cinquante, oui !

C'est l'histoire d'une vieille dame qui téléphone à ses neveux et à ses nièces pour leur reprocher de ne jamais l'appeler. Quand on demande aux neveux la raison pour laquelle ils ne font pas cet effort, ils répondent que c'est par crainte d'entendre à chaque fois la même litanie, les mêmes plaintes, les mêmes reproches. Autrement dit, en reprochant à ses neveux de ne pas l'appeler, cette dame entretient elle-même en partie les raisons qu'ils ont de ne pas l'appeler. En voulant régler le problème, elle l'accentue. Si un neveu, en prenant son courage à deux mains, lui demande d'arrêter de se plaindre, elle rétorque qu'elle se plaint justement parce qu'on ne l'appelle pas ! Si on l'appelait, elle ne se plaindrait plus ! Sur ce, elle se plaint deux fois plus de leur ingratitude et se sent tout à fait justifiée de le faire. En un mot, elle en arrive à se plaindre des autres parce qu'ils lui reprochent de se plaindre ! C'est comme l'alcoolique qui boit pour oublier qu'il boit. Où est la cause, où est l'effet ? Voilà un karma qui s'auto alimente dans une logique implacable.

Dans le même genre, nous avons la personne qui critique tout le monde parce qu'on a le culot de la critiquer, et celle qui n'aime personne parce que personne ne l'aime. C'est enfin l'histoire très fréquente et très véridique du fou persuadé que tout le monde, autour de lui est fou. Karma puise l'énergie des effets dans ses propres causes un peu comme une dynamo qui se recharge ou un serpent qui se mord la queue. Y a-t-il une solution à ces problèmes ? Difficile, car la plupart du temps, ces personnes ayant peu de recul par rapport à elles-mêmes, s'enferment dans des comportements répétitifs. Ne sollicitant plus leur libre arbitre, c'est à dire leur capacité à pouvoir faire autre chose, elles tournent à vide en reproduisant toujours les mêmes comportements. C'est comme s'il n'y avait plus de pilote dans l'avion et que celui-ci, continuait sa route grâce au pilote automatique.

ATTACHEMENT

Il existe une grande variété d'attachements depuis les plus matériels jusqu'aux plus spirituels en passant par les plus affectifs. Ils sont l'expression d'un lien que nous créons avec les objets qui nous apportent du plaisir et des satisfactions. Portent-ils tous, comme le pense Bouddha, une promesse de souffrance ?

Plaisir et attachement

Histoire du paon

Un paon, la mine désolée, s'arrache les magnifiques plumes qui lui tiennent de parure. On lui demande la raison de son étrange conduite.

- J'agis ainsi parce que les gens me font la chasse pour mes plumes. Si je suis déplumé, ils se désintéresseront de moi. Je pourrais vivre ainsi une vie tranquille et active.

S'attacher consiste à créer un lien intérieur, une espèce de conditionnement à la Pavlov. Si l'objet de notre attachement disparaît, nous ressentons un manque douloureux, un vide laissé par son absence. Se créer des attachements c'est donc se créer des dépendances.

Nous ne nous attarderons pas sur les satisfactions que nous procurent les possessions matérielles. Notre société nous permet, quand tout va bien, d'accéder tout au long de notre parcours professionnel, à un niveau de vie de plus en plus élevé. Mais si l'engrenage est facile, le désengrenage, en revanche, est fatalement douloureux car le mouvement naturel va dans le sens de la croissance. Il est extrêmement difficile de faire marche arrière quand un certain standing est atteint. Mais cette logique est-elle inévitable ? Socrate en passant devant une échoppe ne se disait-il pas : *"Que de choses dont je n'ai pas besoin !"*

Les plaisirs intérieurs et affectifs nous comblent beaucoup plus - quand ils sont de qualité - que les plaisirs matériels souvent éphémères et la quête du grand amour est, pour beaucoup d'entre nous, plus gratifiante (et plus difficile) que la recherche des satisfactions sensuelles. Mais plus le plaisir est intense et plus le détachement, consenti ou forcé, risque d'être pénible. Vivre une séparation amoureuse, perdre un ami ou une femme, font partie des expériences parmi les plus difficiles et les plus douloureuses de la vie. Il est tout à fait louable d'essayer d'élever le débat et de préférer les sentiments durables aux plaisirs répétitifs, mais ne nous exposons-nous par là à des peines bien plus amères ? "*Que sais-tu du malheur d'aimer*" nous clame Aragon dans un de ses poèmes ! Sommes-nous condamnés à fuir les plaisirs pour ne pas risquer d'en souffrir ?

Se préparer au départ

Se préparer, c'est apprendre à anticiper mentalement. Il ne faut pas avoir peur de se poser la question suivante: si ce à quoi nous sommes attachés disparaît, serions-nous capables de le supporter ? Si la réponse est oui, alors nous sommes prêts à affronter positivement cette épreuve si elle se présente.

L'autre ne devrait pas être celui qui vient combler notre manque existentiel ou notre incapacité à nous assumer matériellement. Il est *"la petite cerise sur le gâteau"*, le plus qui embellit notre vie. Si, en revanche, la réponse est non, il est alors urgent de se préparer à cette éventualité en fortifiant notre personnalité et en diversifiant les sources de nos plaisirs. Plus notre vie sera riche et plus une perte sera mieux vécue. Il faut éviter de mettre tous ses œufs dans le même panier. Si une entreprise a un client qui correspond à 50% de son chiffre d'affaires, elle se fragilise. Il suffit que ce dernier lui fasse faux bond, pour qu'elle soit acculée à la faillite.

Les plaisirs comme des locations

Devons-nous alors éliminer nos plaisirs ? Supprimer quelque chose parce qu'on a vaguement le sentiment que c'est une source d'aliénation, n'enlève pas l'aliénation, bien au contraire. L'idéal serait de vivre le plaisir comme une location, comme un prêt, et non comme une possession. Nous en profitons tout en sachant au fond de nous que cela ne nous appartient pas, comme une fleur qui aujourd'hui est là et qui demain ne sera plus. Nous expérimentons ainsi un nouveau type de rapport aux choses, plus ludique et plus ancré dans le présent. Comme pour le jeu, nous prenons du plaisir tout en sachant que la partie a une fin. Le plaisir du jeu n'est pas lié seulement à la victoire : il provient du déroulement du jeu en lui-même, de la confrontation, des risques que nous prenons, de ce moment convivial que nous partageons avec ceux que nous aimons.

Rien de ce qui est extérieur ne nous appartient vraiment: cela passe par nous, cela rentre dans notre maison, cela s'installe pour un temps avant de repartir (vol, usure etc.). C'est une cohabitation temporaire, dont nous pouvons quand même tirer un légitime plaisir au présent. Il ne faut pas chercher à accaparer, à retenir. La vie est au service de tous: elle se donne puis se recycle. Même nos enfants ne sont pas notre propriété nous dit le poète libanais Khalil Gibran.

> "Ils sont les fils et les filles de l'appel de la Vie à elle-même.
> Ils viennent à travers vous et non de vous.
> Et bien qu'ils soient avec vous, ils ne vous appartiennent pas.
> Vous pouvez leur donner votre amour mais non point vos pensées
> Car ils ont leurs propres pensées.
> Vous pouvez accueillir leurs corps mais pas leurs âmes
> Car leurs âmes habitent la maison de demain que vous ne pouvez visiter, pas même dans vos rêves.
> Vous pouvez vous efforcer d'être comme eux
> Mais ne tentez pas de les faire comme vous
> Car la vie ne va pas en arrière ni ne s'attarde avec hier.
> Vous êtes les arcs par qui vos enfants, comme des flèches vivantes sont projetés.
> L'Archer voit le but sur le chemin de l'infini, et Il vous tend de sa puissance pour que Ses flèches puissent voler vite et loin.
> Que votre tension par la main de l'Archer soit pour la joie ;
> Car de même qu'il aime la flèche qui vole

Il aime l'arc qui est stable."
Khalil Gibran, "Le Prophète", Casterman 1973, p. 19

Proudhon pensait que *la propriété c'est le vol.* Les stoïciens vont encore plus loin en affirmant que même notre vie ne nous appartient pas. Lorsque nous mourons, nous ne faisons que la rendre à qui nous l'a prêtée. Nous ne sommes au fond que des locataires, des nomades, des passants.

De passage

Lors d'un long voyage, un homme passant près d'un village apprend qu'un sage érudit y séjourne. Les occasions de rencontrer une belle âme n'étant pas si fréquentes, il décide de lui rendre visite. Ayant trouvé son domicile, il frappe à sa porte. Le maître lui ouvre et l'accueille un sourire aux lèvres en guise d'hospitalité. L'homme, pour ne pas lui donner le sentiment d'abuser de son temps, lui dit :

- Vous savez, je ne suis que de passage.

Et le maître de répondre :

- Moi aussi.

Pourquoi le plaisir ne viendrait-il que de la possession ? Nous pouvons très bien opter pour des locations et prendre autant de plaisir si ce n'est plus. La location peut être vécue comme un plaisir avec un attachement moindre. C'est un contrat de passage : ça passe par notre territoire et ça repart. Si nous aimons lire, nous pouvons acheter un livre ou l'emprunter à la bibliothèque. Ce n'est pas parce qu'il nous appartient que le plaisir de la lecture sera plus grand. Dans les deux cas, son "passage" en nous laissera une trace ou un plaisir tout aussi intense et/ou durable.

"Ne dis jamais de quoi que ce soit : " je l'ai perdu" mais je l'ai rendu. Ton enfant est mort, il est rendu. Ta femme est morte, elle est rendue. Mon bien m'a été ravi, et bien, il est aussi rendu. Mais le ravisseur est un scélérat ! Que t'importe par qui celui qui te l'avait donné te l'ait réclamé ? Tant qu'il te le laisse, jouis-en comme d'un bien étranger, comme les passants d'une hôtellerie."
Epictète, "Manuel" op.cit.XI

SOUFFRANCE

La souffrance a, par définition, une cause karmique dans la mesure où elle est une réponse à un manque ou à une perturbation. Il est difficile, psychologiquement, de la faire sienne : c'est tellement plus facile d'invoquer la malchance ou de crier à l'injustice. D'un autre côté, la souffrance n'est-elle pas plus supportable quand elle a un sens ?

Mais ne faisons pas l'erreur de croire que toute souffrance est une punition. Elle est avant tout, une indication, une signalétique dans le labyrinthe des possibles. Karma n'est qu'une loi et à ce titre elle est à la fois aveugle et infaillible. La souffrance fait partie de son économie. La nature a décrété que mettre la main sur le feu occasionnait une douleur. On peut s'en désoler, mais après réflexion, on pourrait s'en réjouir aussi.

La souffrance animale

Quel est le sens de la souffrance des animaux ? Est-ce qu'ils créent du karma ? S'ils ne contredisent pas, contrairement à l'homme, les lois de la nature, pourquoi souffrent-ils ?

Sans parler de la vivisection où des animaux sont parfois torturés pour les besoins de la science, la souffrance est par ailleurs omniprésente dans le règne animal. Qu'elle soit inévitable - il est difficile au lion d'anesthésier la gazelle avant de la manger - on peut en convenir ; mais ne s'intègre-t-elle pas, malgré tout, dans le grand mouvement évolutif ?

"Ce qui ne me tue pas me rend plus fort", a écrit Nietzsche. Cette idée ne s'applique t-elle pas aux autres règnes ? Ne décrit-elle pas, en l'humanisant, une des manifestations de la loi darwinienne de l'évolution au moyen de la sélection naturelle ?

Un article étonnant , paru dans le journal "le Monde" du 11 décembre 1998 rapporte la découverte suivante. Des biologistes américains ont remarqué, que dans le passé, contrairement au dicton selon lequel la nature ne ferait pas de bonds, certaines espèces animales seraient apparues brutalement comme sorties de presque nulle part. Ces chercheurs ont identifié dans la mouche drosophile - la mouche dite du vinaigre - un gène spécifique qui pourrait expliquer ce mystère. Ce gène, baptisé Hsp90, a pour fonction de protéger le patrimoine génétique de l'individu. Or, on a remarqué que lors de fortes pertur-bations de l'environnement (grandes chaleurs, rayonnements intenses...), il était inhibé, ce qui autorisait l'apparition de modifications brutales et transmissibles aux descendants. On peut en tirer deux conclusions importantes et fort intéressantes quant à leurs applications :

1 - Les grands bouleversements naturels et leurs effets sur les organismes (perturbations biologiques et psycho-

logiques, stress etc.) peuvent provoquer des modifications génétiques chez un individu ou une espèce.

2 - Ces caractères acquis peuvent se transmettre aux générations suivantes.

Ces deux principes, s'ils sont confirmés, peuvent expliquer la façon dont la loi de karma en stimulant l'évolution et en aiguillonnant l'homme, provoque des modifications dont les effets se perpétuent pour le bénéfice des générations à venir. Les agressions du milieu, le stress et les souffrances qu'elles induisent, poussent certains animaux à "inventer" de nouvelles solutions pour survivre !

Tout problème appelle une réponse, surtout quand la survie de l'espèce est en jeu. La souffrance étant par excellence un problème, elle amène de la part de l'individu qui la subit une mobilisation de toutes ses ressources pour la faire disparaître. Elle le pousse dans ses retranchements, et l'oblige à trouver la parade. Ce qui est fabuleux, c'est que chez les animaux, le bénéfice de cette avancée, initialement individuelle, profite à l'espèce dans sa totalité.

La souffrance physique

Il existe une étonnante maladie qui se caractérise par une absence de sensibilité et une incapacité à ressentir toute souffrance corporelle. C'est comme si notre système nerveux devenait défaillant et insensible aux agressions extérieures. On pourrait croire que c'est une aubaine - ne plus souffrir, quel bonheur ! - mais ce serait commettre une lourde méprise. La souffrance est un signal d'alerte. Comme le tocsin, elle appelle à la mobilisation, à la solidarité des parties pour sauver le tout comme ces fourmilières où chaque individu est prêt à se sacrifier pour sauver l'ensemble. La douleur est une indication claire que le corps est agressé et qu'il faut réagir.

La souffrance n'est pas une punition, mais un avertissement ; l'indication qu'un problème ou une imprudence nous met en danger. Il nous faut apprendre à la décrypter, à la déchiffrer, à l'interroger car elle est toujours riche en enseignements. En nous signalant une anomalie, elle nous invite à intervenir ou à rectifier le tir car elle se réfère sans cesse à un modèle idéal, en l'occurrence à la santé de notre corps. C'est le principe "homéostatique" bien connu en biologie qui tend à maintenir un équilibre entre les parties et à le rétablir quand il est perturbé. La souffrance est le langage du corps, comme les pleurs sont le langage du bébé. C'est le signe qu'il faut intervenir pour le nourrir ou le dévêtir s'il a déféqué. S'il ne pleurait pas, il en mourrait. Une dent cariée nous dit clairement : "*tu dois aller chez le dentiste*".

La souffrance morale

Sous ce terme général et plutôt vague, on regroupe toutes les souffrances liées à un manque affectif ou à une cause psychique ou mentale. Contrairement à la souffrance physique qui est objective - si nous plantons une épingle dans la peau de cent personnes, toutes souffriront - la souffrance morale est, pour une grande part, subjective. Elle n'en est pas moins réelle et souvent bien plus dévastatrice que la physique. Son vecteur est autant l'acte, que la parole ou la pensée. Prenons un exemple : en sortant de votre domicile, vous découvrez que votre voiture a été rayée sur toute sa longueur. Vous rentrez aussitôt dans un accès de rage et vous maudissez le vandale absent. Votre réaction bien que provoquée par un fait objectif, est subjective. Un autre individu pourrait très bien prendre la chose avec philosophie et ne pas s'y attarder. Pour vous, la journée sera gâchée et vous ressasserez dans votre tête longtemps encore cet incident.

La souffrance morale révèle toujours et met en évidence un attachement. Ce n'est pas fondamentalement l'autre, objet ou personne, qui nous fait souffrir, mais notre attachement qui est mis en péril et notre mental qui en rajoute. Il est incontestable que l'état dans lequel nous nous mettons et la surenchère qui s'en suit dépend en partie de nous et engage notre responsabilité. Notre colère obéit à cette même règle comme le souligne Epictète :

> "Lorsque donc quelqu'un te met en colère, sache que c'est ton jugement qui te met en colère."
> *Op. cit, Manuel : XX*

Idée reprise dans le passage suivant :

> "Si une personne vous met en colère, ce n'est pas elle la responsable, c'est qu'il y a de la colère en vous. S'il n'y avait pas de colère en vous, qui est-ce qui lui aurait répondu? Mettez du feu dans l'eau, le feu ne brûle pas l'eau, le feu n'est pas nourri par l'eau. Mettez du feu dans du coton, le feu est nourri, il s'enflamme. La colère qui est en vous nourrit la flamme ; la paix qui est en vous l'éteint. Cessez de dire : cette personne m'énerve ; dites plutôt : je m'énerve avec elle. Elle ne peut réveiller que ce qui est déjà en vous. C'est pour cela que le sage n'accuse jamais personne, il s'accuse lui-même."
> *Pape Seshouda, 28 oct. 1993, monastère Saint-Bichoy, Egypte*

Nous ne cherchons pas ici à retirer à la colère son utilité, sa légitimité et sa fonction régulatrice, mais nous essayons de montrer qu'elle est liée à notre jugement et à notre humeur. Il en est de même pour la souffrance morale : elle renvoie toujours l'émetteur à l'origine de son mal être. Nous disposons ici d'un moyen infaillible pour remonter à la source du problème. Il suffit de suivre le guide, notre souffrance, et de l'interroger avec lucidité et courage sans chercher à se défiler. Elle nous facilite l'accès à la connaissance de nous-mêmes.

Transformer le plomb en or

Si la vie nous met parfois face à des situations difficiles, n'est-ce pas pour mieux nous inviter à les transmuter ? N'oublions pas que le terme grec "pathos" qui signifie maladie, affection a le sens également d'épreuve. Dans les contes de fées un crapaud cache souvent un beau prince ou une belle princesse. Si nous surmontons notre aversion et lui consentons un baiser, alors par delà les apparences et notre résistance, nous devenons capables de pénétrer son mystère. Comme les alchimistes dont la devise est *le noir est l'origine du blanc*, nous apprenons à tirer le bien du mal, à transformer notre plomb intérieur en or, nos défauts en qualités. Vécue d'une façon interrogative et active, la souffrance peut devenir pierre philosophale. Subie comme une injustice ou un motif d'irritation, elle peut nous abaisser ou nous aigrir. La vivre d'une façon active c'est accepter le postulat karmique, que toute souffrance est nôtre, qu'elle nous concerne, qu'elle est le signe et la conséquence d'une faiblesse que nous portons et l'indication d'un travail que nous devons effectuer sur nous-mêmes. Elle n'est pas notre ennemie, mais notre plus intime amie. Elle est dans notre camp, toujours de notre côté. Elle n'est pas là pour nous tourmenter, mais pour nous aider - voire nous obliger - à trouver les solutions. Elle peut nous faire mal, et même très mal, mais jamais *du mal*.

Peut-on éviter les souffrances ?

Peut-on faire l'économie de la souffrance ? Certainement, en adoptant progressivement des comportements responsables et en s'exerçant à la remise en question permanente. Pour cela, il existe un moyen relativement simple : l'anticipation. Dans le domaine médical, c'est la prévention qui nous permet de faire l'économie de la guérison. Dans le domaine matériel, c'est l'entretien qui évite le vieillissement prématuré et la panne. Dans le domaine social, c'est la gestion et le sens de l'économie. Dans le domaine philosophique et éthique, c'est le sens du discernement, la préparation et l'acceptation de ce qui ne peut être évité. Quand une leçon est comprise et quand la cause de la souffrance est bien circonscrite, nous sommes en mesure d'agir pour qu'elle ne se reproduise plus. Si les mêmes causes produisent les mêmes effets, leur absence les supprime.

Mais karma s'arrête là où persiste notre aveuglement. Il ne peut nous dispenser de la souffrance à venir au nom de la souffrance déjà vécue. Dans ce domaine, il n'y a ni prix de gros, ni passe droit.

Karma dépasse-t-il les limites de ma souffrance ?

Jésus l'a dit : *"nul n'est chargé au-delà de ses propres forces"*. Si karma n'a en vue que l'évolution des personnes, à quoi cela servirait-il de faire subir à un individu une souffrance dont il ne peut tirer aucun parti et qui peut même l'écraser ? Certains seraient enclins à dire : dans le seul but d'épuiser son bagage karmique. Cet argument est facilement réfutable, car karma peut très bien épuiser le passif d'un individu en l'étalant dans le temps. Une pierre trop lourde à porter peut toujours être fragmentée. Mais si l'homme fait subir à son prochain l'insupportable, n'est-il pas juste qu'il subisse à son tour l'insupportable ? N'est-ce pas la fonction de la loi de karma que de rendre œil pour œil ?

Mais la notion de limite est difficile à cerner. Ce sont nos forces et nos faiblesses qui décident des limites de ce qui nous est insupportable. C'est donc notre capacité à résister qui fait proportionnellement monter les enchères.

Dans la pièce de Jean-Paul Sartre, "*Morts sans sépulture*", plusieurs prisonniers de la Gestapo, confrontés à la torture, réagissent chacun différemment. Voilà l'épreuve qui, par excellence, peut révéler nos limites face à la souffrance. L'un, avant même de la subir, dénoncera ses camarades, un autre se suicidera avant l'interrogatoire, un troisième bravera héroïquement ses tortionnaires. Mais les choses ne sont pas figées. Selon les circonstances, le lâche peut être capable d'héroïsme et inversement. Certains enjeux peuvent transcender nos peurs. Une mère de famille est capable d'endurer le pire pour ses enfants.

Karma et humilité

"Ce qui fait que le fleuve et la mer
Peuvent être rois des Cent Vallées
C'est qu'ils savent se mettre en dessous d'elles

Voilà pourquoi ils peuvent être rois des Cent Vallées
De même si le saint désire être au-dessus du peuple
Il lui faut d'abord s'abaisser en paroles
S'il désire prendre la tête du peuple
Il lui faut se mettre au dernier rang."
Tao Te King, chapitre LXVI

L'orgueil a pour fâcheux effet de nous enfermer dans nos certitudes. Le succès, la réussite sociale, le pouvoir nous montent à la tête au point parfois de nous donner le sentiment que nous n'avons rien à apprendre de personne. Nous pouvons ainsi facilement nous transformer en donneurs de leçons.

La souffrance peut agir comme un électrochoc et nous faire sortir brutalement de l'état léthargique inconscient dans lequel parfois, nous nous enfermons. Plus l'inertie est forte et plus le remède devra être énergique. L'intensité et la durée de la souffrance peuvent provoquer un lâcher prise et ouvrir, dans les profondeurs de notre être, une faille d'où jailliront des imprévus salutaires. Elle peut rendre humble et nous faire passer de la réponse à la question, de l'assurance fermée et présomptueuse au doute dynamique. Le philosophe Louis Claude de Saint-Martin (1743-1803) l'exprime simplement dans cette maxime :

"J'ai remarqué que toutes les fois que Dieu m'a retiré quelque jouissance ou quelque avantage corporel, c'est au moment où j'étais près de croire qu'ils étaient quelque chose."
Louis Claude de Saint Martin, Maximes et pensées, Editions Leymarie 1977, p. 12.

C'est comme si nous avions touché à l'intérieur de nous-mêmes un fond invisible qui nous donne la possibilité, si nous nous appuyons dessus, de remonter. Dans un état intérieur où tout nous semble mouvant et inconsistant, nous prenons enfin contact avec ce qui en nous est ferme. Tel est le paradoxe du vide qui est à la fois, comme le désir, absence et appel. Il suppose l'effacement de l'ego qui se défait de ses armures pour être en mesure de recevoir.

Dans les groupes de rééducation comme les Alcooliques Anonymes, on a bien compris et intégré l'importance de cette première étape, celle où le sentiment d'impuissance est reconnu et accepté. Les résistances sautent les unes après les autres et le patient se retrouve enfin face à lui-même, prêt à recevoir l'aide et le soutien du groupe.

Et le suicide ?

Pour les stoïciens, le suicide est l'expression et la manifestation du pouvoir absolu de notre libre arbitre. C'est un acte de courage et non de lâcheté. C'est la preuve que nous restons maîtres de nos choix jusqu'au bout et que la mort ne nous fait pas peur. Socrate à leurs yeux en est la parfaite illustration. Il accepte, sans regrets et crânement, de se donner la mort en buvant la ciguë. Dans ces circonstances, agir est à leurs yeux plus courageux que subir. Quand Dieu, la Providence ou la nature nous fait signe et nous *libère du service*, il est de notre devoir de nous éclipser. Si nous ne pouvons plus exercer la pleine souveraineté de notre raison et si nous risquons, en continuant à vivre, de trahir les principes qui justifient notre vie, alors il est préférable de tirer sa révérence. Cette opinion qui pourrait aujourd'hui heurter certaines croyances, est clairement revendiquée par les penseurs de cette école.

"Souviens-toi que la porte est ouverte. Les enfants, quand la partie ne va pas à leur gré, disent : Je ne joue plus. Fais comme eux : va-t-en ; mais si tu restes, ne te lamente pas (...) Si tu m'envoies - il parle de Dieu - en un lieu où vivre selon la nature n'est point possible à l'homme, ce n'est pas pour te désobéir que j'en sortirai, mais en estimant que tu m'as donné le signal de la retraite. Je ne t'abandonnerai pas, loin de là ! Mais j'aurai seulement reconnu que tu n'as plus besoin de moi."
Epictète, "Entretiens", I, 24,20 et I 19, 7-9

Mais à aucun moment, les stoïciens ne justifient le suicide par l'effet d'un découragement ou d'un mécontentement. Ce serait l'expression d'une faiblesse intérieure indigne d'un vrai sage. Si l'état de dégradation du corps est tel qu'il ne permet plus à l'individu d'évoluer, alors il est inutile, selon ces philosophes de continuer à s'accrocher. La vie n'est pas un concours où il nous est demandé de battre des records de souffrances ou de longévité.

Toute souffrance a un début ; elle a donc une fin. La ténacité, l'obstination, peut avoir le dernier mot. Même si l'on attend longtemps sur le bord de la route, un car finit toujours par passer. Un simple petit bonheur suffit parfois pour que nos souffrances s'estompent et disparaissent comme emportées par le vent. L'homme porte en lui des forces insoupçonnées et l'espoir finit toujours, comme la petite graine, par percer le bitume de la désespérance

Et pourtant l'insupportable existe !

Les idées que nous venons de développer sont, somme toute, assez logiques. Si le but de karma est de nous faire évoluer, nous imposer une épreuve qui dépasse les limites de notre supportable contredirait cette finalité. Mais cette opinion n'est-elle pas au fond, celle d'un privilégié occidental qui a la chance de ne pas avoir subi les atrocités commises dans d'autres parties du monde ? Nous pensons aux tortures subies par les Tibétains dans leur pays, aux horreurs qui se sont déroulées au Rwanda, à tous les goulags du monde et autres Shoah, à tous les génocides du passé du présent et de l'avenir, à tous ces SDF plongés dans le dénuement le plus complet et qui finissent par mourir de froid au fond d'une cave d'une HLM, à l'enfer de la drogue... Face à tous ces témoignages, nous sommes en droit de penser que karma franchit parfois, souvent, trop souvent, les limites du supportable.

Si l'homme est capable, dans ses accès de folies meurtrières, de faire subir à son prochain l'insupportable, n'est-il pas logique que karma en fasse autant à son égard ? Si c'est une loi de justice, que devraient subir tous les grands dictateurs ! Même si l'on croit à la réincarnation, des milliers de vies ne pourraient leur suffire à expier toutes leurs fautes et leur permettre de se racheter. Que fait la police karmique quand on sait que certains de ces dictateurs se sont éteints dans le calme et l'indifférence !

Reconnaissons humblement que même si karma nous offre peut-être les explications parmi les plus acceptables et réconfortantes sur le sens de la vie, la souffrance reste, dans certaines de ses manifestations extrêmes, un mystère qui nous oblige à chercher encore plus loin, là où notre pensée achoppe, là où elle ne s'est pas encore aventurée. Si la souffrance vécue dans son extrême est une expérience subjective qui n'appartient qu'à celui qui la vit, alors oui, l'insupportable existe !

Karma et les épreuves

L'évolution c'est comme le grand huit : quand on plonge ce n'est que pour mieux remonter. La descente prépare et facilite toujours la remontée.

"Et en haut, en haut, en haut de la grande montée
Kes ky a en haut, en haut, quand on est arrivé
Oui, en haut tout en haut, tout en haut de la grande montée
Y'a une autre vallée."
Jean Louis Aubert : "Tout au bout du rouleau."

Nous avons parfois l'impression qu'il ne se passe rien pendant les crises, que ce n'est qu'une expérience négative et que nous n'avons au mieux qu'à prendre notre mal en patience. C'est pourtant par excellence, un moment privilégié où les forces qui sont en nous se trouvent à l'étroit et font craqueler toutes nos belles évidences. C'est le temps des lentes maturations : tout se passe à l'intérieur, dans notre creuset intime, là où se préparent les grandes décisions. Puis comme une rivière souterraine, ça jaillit soudain au grand jour sous la forme d'un *"insight"*, d'une révélation soudaine, puis d'un progrès. Si de temps en temps la vie ne déconstruisait pas, elle ne pourrait pas pousser plus loin ses acquis. Revenir en arrière c'est prendre de l'élan pour aller plus loin.

Nous retrouvons cette idée dans le symbolisme du labyrinthe initiatique où il faut savoir revenir sur ses pas pour aller plus loin. La voie la plus facile mène le plus souvent à la fosse aux crocodiles. Progresser c'est accepter parfois de reculer, de revenir sur ses pas, de prendre du recul afin d'élargir son regard et voir, dans le vaste espace qui s'ouvre devant nous, le sens relié des choses. Les épreuves, les défis, les crises que nous traversons ne sont que des occasions d'aller plus loin. Les refuser, c'est se confronter à nos propres échecs, à nos propres limites. Comme le dit Saint-Exupéry dans *"Terre des hommes"* :

> "L'homme se découvre quand il se mesure à l'obstacle."
> *Oeuvres complètes, NRF Gallimard 1950, p. 153*

Tout événement est initiation. La souffrance ne vient jamais de la crise elle-même, mais de notre incapacité à la surmonter, à l'accompagner dans son œuvre destructrice/reconstructrice. Une épreuve est toujours l'occasion d'une mue, d'une transmutation. Elle a aussi pour fonction d'endurcir l'individu et de le préparer à d'autres épreuves encore plus difficiles.

Si nous réussissons, nous méritons de passer à la suivante. La vie n'est pas un long fleuve tranquille mais un parcours d'obstacles. L'épreuve est toujours proportionnelle à l'individu : plus nous sommes capables de supporter, plus elle peut être lourde et difficile. Comprise, elle dessille nos yeux comme si nous venions de mordre dans le fruit de l'arbre de la connaissance du bien et du mal. Nous pouvons alors reprendre le chemin avec un regard neuf et pénétrant ; nouvelle naissance, nouveau départ.

> "Les épreuves et les contrariétés auxquelles nous sommes soumis deviennent des croix pour nous quand nous restons au-dessous d'elles ; elles deviennent des échelons et des moyens d'ascension quand nous nous tenons au-dessus ; et la sagesse qui nous y expose n'a pas d'autres intentions que de nous élever et de nous guérir, au lieu de ces idées cruelles et

malfaisantes que le vulgaire lui prête généralement."
Louis Claude de Saint-Martin : "Maximes et Pensées", Ed. Leymarie 1977, p. 69

Epreuves et tentations

En matière d'épreuves, karma est le maître d'œuvre. C'est lui qui les met sur notre chemin pour tester la force de notre âme. Quant aux tentations, elles sont aussi karmiques mais beaucoup plus terre à terre. Elles testent notre résistance quand le désir se fait pressant. Si on s'autorisait un langage théologique, on pourrait dire que les épreuves viennent de Dieu et les tentations du Diable. Les épreuves stimulent les vertus, les tentations encouragent les vices. C'est la raison pour laquelle, nous semble-t-il, nous trouvons dans la prière chrétienne le "Notre Père", le passage suivant : *"Ne nous soumets pas à la tentation"*. Si nous confondons tentations et épreuves, cette phrase devient incompréhensible. Que vaut la foi si elle n'est jamais confrontée à la difficulté d'être et que vaut le croyant s'il n'est jamais éprouvé ?

BONHEUR

"Qu'est ce que je serais heureux si j'étais heureux !"
Woody Allen

Le bonheur semble être une quête ou une aspiration partagée par le plus grand nombre. Mais est-ce un état ou une ligne d'horizon ? Est-ce un désir ou une satisfaction ?

Oscar Wilde, n'a-t-il pas raison d'écrire que "l'homme n'est confronté qu'à deux tragédies : la première, c'est de ne pas obtenir ce qu'il désire ; et la seconde, d'obtenir ce qu'il désire !"

Désir, plaisir et bonheur

Quand le désir allant jusqu'au bout de lui-même rencontre le plaisir, parfois jusqu'à la satiété, il s'assoupit pendant un certain temps avant de se réveiller pour demander qu'on le satisfasse de nouveau. Comme la faim ou la soif, c'est une noria, un éternel retour, *un petit tour et puis revient*. Mais quelle est la valeur d'une satisfaction qui nous laisse toujours sur notre faim ? Nous accumulons des plaisirs comme nous enfilons des perles et le temps mange la chair en ne nous laissant que les os du souvenir.

Ces plaisirs ont tendance à bégayer, à se répéter et à tourner en rond sans jamais vraiment nous assouvir ou nous satisfaire durablement. Le plaisir que nous procure un verre de coca cola aujourd'hui est-il foncièrement différent de celui qu'il nous a procuré il y a un mois ou que nous éprouverons dans deux ans ?

Tous les plaisirs obéissent-ils à cette même logique répétitive ? N'existe-t-il que des désirs/plaisirs qui aussitôt satisfaits se perdent comme des fumées ou se figent en souvenirs ?

Comme dans l'histoire des trois petits cochons, notre maison est à l'image de nos matériaux. Si on la construit sur du sable, on ne doit pas être surpris de la voir rapidement s'effondrer. Qui sème de l'éphémère, récolte de l'éphémère.

Nous croyons au bonheur comme nous croyons à la chance. Il y a une bien jolie expression qui dit : "au petit bonheur la chance !" Mais le bonheur est une affaire trop sérieuse pour être mise entre les mains du hasard. Il serait tragique et profondément injuste d'être heureux inopinément, selon le cours des événements !

Le tonneau des Danaïdes

Danaos et Egyptos étaient frères jumeaux. Le premier possédait la Libye et le second l'Arabie. L'un avait 50 fils et l'autre, 50 filles prénommées les Danaïdes.

Egyptos conquit rapidement l'Egypte menaçant la sécurité de son frère. Pour le rassurer, il propose que ces 50 fils épousent les 50 filles de Danaos, mais ce dernier y voyant une ruse se méfie. Il feint d'accepter le marché mais demande à ses filles de poignarder leurs compagnons la nuit de leurs noces.

Elles s'exécutent et lui apportent la tête de leurs maris en guise de loyauté. Seule, l'aînée, Hypermnestre, tombée amoureuse de Lyncée, lui laisse la vie sauve. La légende dit qu'il se vengea en tuant les 50 sœurs qui, expédiées au Tartare, furent condamnées à remplir d'eau éternellement un tonneau percé, qui se vidait sans cesse.

Notre quête du bonheur, quand elle s'appuie sur la satisfaction des plaisirs extérieurs, n'est-elle pas identique à ce tonneau percé des Danaïdes que nous essayons en vain de remplir ?

Faut-il, pour autant, dénigrer tous les plaisirs matériels et sensuels ? Epicure, le philosophe grec du *Jardin*, considérait que le plaisir était le but de la sagesse. Ecoutons-le :

> "C'est pourquoi nous disons que le plaisir est le commencement et la fin de toute vie heureuse. C'est lui en effet que nous avons reconnu comme bien principal et conforme à notre nature. C'est de lui que nous partons pour déterminer ce qu'il faut choisir et ce qu'il faut éviter et c'est à lui que nous avons finalement recours lorsque nous nous servons de la sensation comme d'une règle pour apprécier tout bien qui s'offre. (...) Tout plaisir est ainsi, en raison de sa nature propre un bien, mais tout plaisir ne doit pas être recherché."
> *Epicure, "Lettres à Ménécée sur la morale", Le livre de poche 1994, p.194*

L'échelle des plaisirs

Epicure fait une distinction entre les plaisirs qu'il appelle vains et ceux qu'il qualifie de naturels (ou nécessaires).

"Ce ne sont pas les beuveries et les orgies continuelles, les jouissances des jeunes garçons et des femmes, les poissons et les autres mets qu'offre une table luxueuse qui engendrent une vie heureuse, mais la raison vigilante qui recherche minutieusement les motifs de ce qu'il faut choisir et de ce qu'il faut éviter et qui rejette les vaines opinions, grâce auxquelles le plus grand trouble s'empare des âmes."
Epicure, "Lettres à Ménécée sur la morale", Le livre de poche 1994, p. 195

Existe-t-il des plaisirs auxquels on peut s'attacher sans danger et qui se bonifieraient avec le temps comme certains vins ? Ils ne seraient pas ballottés par les vents de l'existence et surnageraient dans les bons comme dans les mauvais moments. Pour accéder à ce statut, il est indispensable qu'ils remplissent les trois conditions suivantes :

- Il faut qu'ils ne subissent pas l'usure naturelle du temps.
- Il faut qu'ils dépendent de nous (au risque de nous être retirés.)
- Il faut qu'ils se vivent sans attente de retour.

Seuls les plaisirs intérieurs satisfont à ces conditions. Ils portent en eux leur propre raison d'être et n'ont d'autre but que leur propre accomplissement. Ils s'épanouissent dans l'être et se perdent dans l'avoir. Ne dit-on pas *"être heureux"* et *"avoir du plaisir"* ? Ils paraissent à la fois durables et évolutifs et nous donnent le sentiment de grandir en grandissant en nous.

"De tout cela, la sagesse est le principe et le plus grand des biens. C'est pourquoi elle est même plus précieuse que la philosophie, car elle est la source de toutes les autres vertus,

puisqu'elle nous enseigne qu'on ne peut pas être heureux sans être sage honnête et juste, ni être sage honnête et juste sans être heureux."
Idem p.196

Le bonheur n'est pas un état arrêté mais un état en mouvement, une capacité à grandir, à passer du moins au plus. Il est lié, non pas à un facteur extérieur et qui ne dépend pas de nous, mais à une satisfaction intérieure. Il est but mais également et par-dessus tout, chemin, quête perpétuelle, occasion toujours renouvelée, plaisir de vivre et d'évoluer.

Le bonheur peut progresser à travers les petits plaisirs du quotidien, mais à condition de ne pas s'y arrêter car il risquerait de s'assoupir comme Ulysse dans les bras de Circé.

La jarre aux mille trous

Dans un village, on manquait cruellement d'eau. Il existait assez loin de là, une rivière, d'où on pouvait puiser de l'eau, mais la seule jarre qui pouvait permettre de la transporter était percée de mille trous. Arrivée au village, elle avait le temps de se vider de son précieux contenu, et les habitants du village risquaient de mourir de soif.

Alors mille enfants vinrent, et chacun mit son doigt sur un trou. L'eau put rester ainsi dans la jarre et être transportée jusqu'au village où les villageois et leurs troupeaux purent s'abreuver.

Cette version africaine du tonneau des Danaïdes est intéressante à plus d'un titre. Elle ne s'arrête pas au simple constat du problème ; elle oriente vers une solution. Si le tonneau percé symbolise les plaisirs qui, venant de l'extérieur, retournent à l'extérieur, en revanche, les mille petits doigts qui s'efforcent de le calfeutrer renvoient aux plaisirs intérieurs qui eux, n'ont pas de fuites. Tout effort et toute connaissance de soi est un de ces doigts qui nous permet de conserver le précieux liquide de nos acquis intérieurs. Sur le plan social, c'est la solidarité, l'union des âmes et des cœurs autour d'un intérêt commun comme solution aux problèmes individuels et collectifs.

D'aucuns pensent que la meilleure façon de ne pas tomber dans le piège des plaisirs répétitifs, est de les fuir. Cette tendance, dont se nourrissent nombre d'ascètes pourrait, pour certains, être inspirée par la peur, peur de ne pas être à la hauteur, peur d'être moins fort que la tentation. C'est d'une certaine façon un évitement, un refus de la confrontation.

Quelles relations entretenons-nous avec les plaisirs ? En sommes-nous dépendants ? Sont-ils les maîtres, sommes-nous leurs esclaves ? Nous dictent-ils leur loi ? Comment répondre à toutes ces questions, si le problème est jeté par-dessus bord ? Où est le courage s'il n'y a pas combat ? Mais est-il possible d'inviter le diable tout en l'empêchant de s'installer ?

Cela nous aurait suffi

Histoire du bouc

Un homme était très malheureux. Il était pauvre et obligé de vivre dans un petit studio avec sa femme, ses trois enfants ainsi que ses beaux-parents. Tout le monde se marchait dessus et il était impossible d'avoir la moindre intimité. Son couple commençait à prendre l'eau et chaque jour était l'occasion de nouvelles disputes.

Il décide d'aller consulter le sage du village pour lui demander conseil. Après l'avoir écouté, le sage lui demande de faire la chose suivante. Il devra acheter un bouc et l'installer avec toute sa famille dans le studio pendant une semaine. L'homme proteste mais finit par accepter faisant confiance au sage.

Il achète le bouc, et malgré les plaintes de toute sa famille, l'héberge chez lui. Les premiers jours sont un enfer. Le bouc pue abominablement et fait tous ses besoins dans la pièce. Sa femme fait une crise de nerfs, tout le monde craque mais notre homme tient bon. Au bout d'une semaine héroïque, il retourne voir le sage. Celui-ci lui demande de rendre le bouc et de revenir le voir le lendemain. Notre homme, se dépêche de le faire. En revenant au studio, il trouve toute sa famille soulagée et heureuse. C'est comme si la pièce s'était agrandie et qu'il y avait maintenant assez d'espace pour tout le monde. Notre homme comprit alors le sens de la leçon du sage.

Jusqu'ici, on s'est appliqué à montrer que karma, en tant que loi d'évolution, nous pousse sans cesse à grandir, à sortir de nos limites et voilà qu'à travers cette histoire nous vantons au contraire les vertus du contentement, de l'acceptation et de la non-remise en question de nos conditions de vie !

En premier lieu, il est important de faire une distinction entre ce que l'on est et ce que l'on a, entre l'être et l'avoir. Nous pouvons très bien nous contenter de ce que nous avons sans pour autant nous contenter de ce que nous sommes. Grandir à l'intérieur, ne suppose pas accumuler à l'extérieur, bien au contraire. Le sage sait se contenter de ce qu'il a, sa préoccupation première n'étant pas d'amasser les biens matériels. En revanche, il ne se contente pas de ce qu'il est.

Si nous refusons le matériel par peur d'en être aliéné, ce

n'est pas une victoire, mais une capitulation. Ne nous trompons pas d'adversaire : ce n'est pas le matériel qui doit être combattu, mais notre caractère qui doit être renforcé. Tant qu'il n'y a pas de dépendance, tant que l'on apprécie les choses avec modération, tout est permis.

Rien ne doit et ne peut nous empêcher de travailler sur nous-mêmes, ni la pauvreté, ni la richesse. A l'occasion de la fête de Pâque, les juifs adressent à Dieu une prière dont le sens général est "*si tu nous avais donné moins, cela nous aurait suffi (daïnou en hébreu)*". Même avec le minimum, il y a de quoi faire. L'essentiel se contente de peu.

Qui peut le moins, peut le plus

Epicure savait se contenter pour tout repas de quelques grains d'orge et d'eau fraîche et il en tirait un intense plaisir. Et c'est justement parce qu'il était capable d'apprécier les choses les plus simples, qu'il prenait un égal plaisir à faire bombance.

Mes parents m'ont habitué depuis mon enfance à dormir dans une chambre sans rideaux. La lumière du soleil n'a jamais entravé mon sommeil qui a toujours été réparateur. A l'occasion d'un week-end, j'ai dormi dans la même pièce qu'un ami dans une chambre sans rideaux. Au matin, il m'a avoué s'être réveillé dès potron-minet, à la première lueur du jour, accoutumé à dormir chez lui les rideaux tirés, en pleine obscurité.

La qualité de son sommeil dépend de ces conditions alors que le mien est paisible quelles que soient les circonstances (je dors très bien dans l'obscurité). Conclusion : qui peut le moins, peut le plus. Quand on apprécie le goût de l'eau, on peut aimer le vin ou les sodas. Si à l'inverse, nous avons été habitué à ne boire que des boissons sucrées l'eau nous paraîtra fade. Nous devenons ainsi, à force de tomber dans les pièges de la société de consommation, des "*princesses au petit pois*". Par la force des habitudes, nos plaisirs peuvent devenir tyranniques.

La fuite devant le matériel

Le matériel ne doit pas être négligé ou évacué de notre vie mais contrôlé, et ses matériaux doivent servir à la construction de notre temple intérieur. Le spiritualiste qui ne porte aucune attention aux valeurs matérialistes et le matérialiste qui néglige la dimension spirituelle de la vie sont ici renvoyés dos à dos. Ces deux approches ne devraient pas s'opposer mais coopérer dans un même but. Nos contradictions ne doivent pas être niées, mais sublimées. Le matériel est un marchepied qui peut nous permettre de nous élever et la relation que nous entretenons avec lui est riche en leçons et toujours révélatrice de notre état intérieur. Le dénigrer serait le sous-estimer. Eviter les affrontements, c'est perdre des occasions de progresser. Si nous le redoutons, quelles en sont les raisons ? Est-ce une fuite ou un dépassement ?

Vous connaissez ce proverbe qui dit : "*qui veut noyer son chien l'accuse de la rage.*" Il est facile, quand nous n'arrivons pas à gérer nos problèmes matériels, de feindre d'être au-dessus de ça. Karma nous pousse à affronter les réalités qui dérangent, non à les éviter. On ne peut passer à l'étape suivante que lorsque la leçon précédente a été apprise et assimilée. Que nous reste-t-il à choisir si nous avons tout éliminé ? Comment gagner une épreuve si nous déclarons forfait ? Cela signifie-t-il que nous sommes encouragés à tout expérimenter, les vices comme les vertus ?

Carpocrate, un philosophe néo-platonicien du 2ème siècle, pensait que les âmes avant la mort devaient avoir vécu toutes les expériences humainement possibles jusqu'aux plus extrêmes si elles ne voulaient pas retomber dans la prison du corps.

Pour comprendre la dépendance est-il nécessaire de devenir fumeur, puis alcoolique, puis joueur, puis drogué etc. Une seule de ces expériences ne suffit-elle pas ? Les autres, bien que différentes, ne sont-elles pas des variantes de ce même processus de dépendance ne différant que par leur intensité ? Si nous sommes dépendants de la cigarette, il ne nous sera pas difficile d'imaginer que la drogue puisse être pire.

Après l'engrenage, le désengrenage

La logique de l'évolution nous pousse du moins vers le plus. Ce principe est universel : il est vrai pour les formes, comme pour les consciences, pour le matériel, comme pour le spirituel. Le problème est qu'il est difficile de mener les deux de front. Quand on privilégie une dimension c'est souvent au détriment de l'autre. On ne peut servir Dieu et Mammon (traduit souvent par "argent"), a dit Jésus. Chacune de ces préoccupations est "jalouse" dans le sens où elle a du mal à accepter la concurrence.

Le *toujours plus* matériel, c'est l'option société de consommation dont on connaît les ravages. Il est difficile d'y résister car l'émulation est collective. S'y refuser, c'est risquer de se voir rejeté par le grand nombre. On désire gagner plus d'argent, avoir une plus belle maison, une plus belle voiture, faire les plus beaux voyages. Cette logique cannibale est celle pour laquelle la plupart des gens se conforment, et il est rare que l'on gagne moins à la fin de sa vie. Mais cette progression prend vite l'allure d'un véritable engrenage. En gagnant plus, nous nous créons de nouveaux besoins que nous alimentons en prenant de nouveaux crédits. Nous rentrons ainsi dans le cercle infernal de la fuite en avant et il devient extrêmement difficile de s'arrêter parce qu'on a toujours un train de retard. C'est ainsi que nous hypothéquons notre liberté. Nous nous faisons piéger par de nouveaux engrenages et quand il faut nous “désengrener”, c'est à dire revenir à l'état où nous étions initialement, dans une situation où nous n'étions pas forcément plus malheureux, nous souffrons l'enfer.

Si cela nous arrivait, serions-nous en mesure de vivre cette épreuve sans sombrer ? Sommes-nous prêts à perdre ce que nous avons gagné ? Même si cette question n'est pas à l'ordre du jour, il est important de se la poser.

COUPLE

De toutes les expériences que nous offre la vie, la relation de couple est indéniablement celle qui nous permet le mieux de nous connaître. Qu'elle soit éphémère comme une aventure passagère ou durable comme une union réussie, elle est un formidable révélateur de notre nature intérieure et un accélérateur dans notre processus évolutif.

Il n'y a pas de place ici non plus pour le hasard ou la fatalité. Nous croyons choisir un(e) partenaire alors que c'est notre âme/inconscient qui choisit pour nous en fonction de ses (nos) besoins. C'est comme s'il y avait en nous une autre volonté inconsciente plus forte que notre petite volonté consciente et qui aurait le dernier mot. C'est ce qu'a magnifiquement décrit Jung dans sa théorie de l'"Anima-Animus" que nous aborderons un peu plus loin.

Dans certaines situations, notre libre arbitre se trouve paralysé, sous le joug d'une force supérieure qui l'inhibe. Dans ces moments d'exceptions, nous pouvons dire que nous allons à la rencontre de notre destin. Nous croyons que c'est un choix et c'est un événement subi, car ce qui nous apparaît comme une cause est en réalité un effet parfaitement ajusté à nos besoins du moment. Cette femme (ou cet homme) que nous allons rencontrer, porte en elle, inconsciemment, l'accomplissement de notre karma. Elle va nous mettre au pied du mur de notre vie et nous pousser, chemin faisant, à avancer ou à stagner, à accepter ou à fuir. De même et à l'inverse, nous serons pour elle l'agent de son propre karma et à travers nous, elle trouvera des occasions de se révéler. On pourrait presque dire que Karma, c'est la volonté des autres. Dans ces circonstances, que reste-t-il de notre libre arbitre ?

La quête de l'Alter Ego

Les Androgynes

Jadis, la nature humaine n'était pas ce qu'elle est à présent. Elle était bien différente. D'abord il y avait trois espèces d'hommes et non deux comme aujourd'hui : le mâle, la femelle et outre ceux-là, une troisième composée des deux autres (...) C'était l'espèce androgyne qui avait la forme et le nom des deux autres, mâle et femelle, dont elle était formée. (...) De plus chaque homme était dans son ensemble de forme ronde, avec un dos et des flancs arrondis, quatre mains, autant de jambes, deux visages tout à fait pareils sur un cou rond, et sur ces deux visages opposés, une seule tête, quatre oreilles, deux organes de la génération et tout le reste à l'avenant (...).

Ils étaient aussi d'une force et d'une vigueur extraordinaire, et comme ils avaient de grands courages, (...) ils tentèrent d'escalader le ciel pour combattre les Dieux.

Alors Zeus délibéra avec les autres Dieux sur le parti à prendre. Le cas était embarrassant. Ils ne pouvaient se décider à tuer les hommes et à détruire l'espèce humaine (...) car c'était

> anéantir les hommages et le culte que les hommes rendent aux Dieux. (...) Enfin, Zeus ayant trouvé non sans peine un expédient, prit la parole :
>
> - Je crois dit-il, tenir le moyen de conserver les hommes tout en mettant un terme à leur licence : c'est de les rendre plus faibles. Je vais immédiatement les couper en deux l'un après l'autre ; nous obtiendrons ainsi le double résultat de les affaiblir et de tirer d'eux davantage, puisqu'ils seront plus nombreux (...) Ayant ainsi parlé, il coupa les hommes en deux. (...) Or quand les corps eurent ainsi été divisés, chacun regrettant sa moitié, allait à elle et s'embrassant et s'enlaçant les uns les autres avec le désir de se fondre ensemble, les hommes mourraient de faim et d'inaction parce qu'ils ne voulaient rien faire les uns sans les autres. (...) Alors Zeus, touché de pitié, imagine un autre expédient. Il transpose les organes de la génération sur le devant (...) et par-là, fit que les hommes engendrèrent les uns dans les autres, c'est à dire le mâle dans la femelle. (...) C'est de ce moment que date l'amour inné des hommes les uns pour les autres. L'amour recompose l'antique nature, s'efforce de fondre deux êtres en un seul.
>
> *Platon, "Le banquet", 189d 191d - Garnier Flammarion 1964*

On retrouve ce thème de la recherche de l'être aimé comme expression d'un manque originel chez de nombreux auteurs, et dans de nombreuses traditions, chez Empédocle, dans la Kabbale juive, dans l'enseignement théosophique moderne.

Dans la Bible, Genèse 1, 27, concernant la création de l'homme et de la femme, nous trouvons le verset suivant : "*Dieu les créa mâle et femelle*". Les exégètes du Talmud (Ketoubot 8a et Eroubin 18a) ainsi que des commentateurs plus modernes tel le célèbre Gaon de Vilna sont unanimes pour interpréter ce verset de la même façon à savoir que l'homme et la femme ont été créés au départ en un seul corps et qu'ensuite Dieu les a séparés en deux êtres mâle et femelle. Ce mythe fait écho au sentiment que nous avons de ne pas être complet et nous conforte dans la conviction que seul l'objet de notre amour peut nous combler. Ce mouvement nous pousse à chercher notre alter ego, l'autre nous-mêmes. Il suffit de lire les petites annonces matrimoniales pour s'en convaincre. En général, une personne décrit ses goûts et ses passions et émet le souhait de rencontrer quelqu'un ayant le même profil. Empédocle (472 av JC- 424) résume ce besoin sous la forme d'une loi générale qu'il formule ainsi : *"Le semblable va vers le semblable"*.

(90) "Ainsi le doux cherche le doux, l'amer s'élance vers l'amer, l'acide va vers l'acide, et le chaud se répand vers le chaud."
(91) "L'eau est mieux appropriée pour se mêler au vin, mais elle répugne à s'unir à l'huile."
"De la nature" : versets 90 et 91, Ed. Garnier Flammarion 1964, p. 130

Quand nous aimons quelqu'un, nous désirons partager avec lui des plaisirs communs (si possible les nôtres).

Depuis que nous nous sommes rencontrés, nous ne formons plus qu'un : Moi.
Woody Allen

Si nous apprécions la musique classique et si l'autre préfère le "hard rock" ou le "heavy métal", il est probable que nous n'écouterons pas de la musique ensemble et cela pourra aller jusqu'à poser quelques problèmes de cohabitation. Si nous n'avons pas les mêmes goûts cinématographiques, le simple fait de choisir un film sera problématique. Comment pouvons-nous partager sa vie, si nous ne pouvons pas partager les mêmes plaisirs ? Toutes ces raisons font que nous sommes naturellement et légitimement attirés par ce qui nous ressemble. C'est notre côté Narcisse qui se révèle ici : l'autre devient le miroir à travers lequel nous nous contemplons. Nous partons de nous pour aboutir à nous... en passant par l'autre.

Nous sommes déçus quand celui que nous aimons n'a pas apprécié le livre que nous avons adoré ou le tableau qui nous a tant émus. Lorsque nous cuisinons, nous prenons soin de préparer des plats qu'il aime et si nous sommes différents nous essaierons de nous retrouver ensemble dans la partie qui nous est commune.

L'autre, en tant qu'être aimé, élargit notre champ de vision. Il multiplie par deux les possibilités de découverte du monde et nous permet de voir la vie avec quatre yeux au lieu de deux. En sens inverse de la fable de Platon, nous redevenons androgynes. Si ce que l'autre aime ne nous touche pas, la vie commune risque de ressembler à deux parallèles qui ne se croiseront jamais à l'infini. Partager, c'est partager ce que nous aimons, enfanter notre plaisir et lui faire faire des petits. Partager, c'est non pas couper en deux, comme nous le ferions pour une pomme, mais multiplier par deux, doubler notre plaisir. L'autre nous agrandit dans ce que nous aimons. Se ressembler, c'est trouver du plaisir dans les mêmes plaisirs. L'être aimé est enfin le compagnon de route, celui qui peut nous aider à supporter notre solitude et réciproquement. Mais la ressemblance comporte également un risque majeur : la complaisance qui peut facilement déboucher sur la stagnation et l'ennui.

Le danger consiste à se contenter de ce plaisir reconnu et partagé sans jamais le renouveler ou l'enrichir par le différent. Ce n'est pas en se regardant dans les yeux que nous pouvons progresser. C'est une jolie prison dorée où nous risquons de nous enfermer et dans laquelle nous pouvons tourner en rond. Notre sentiment a besoin d'être sans cesse alimenté ; il peut s'éteindre quand l'autre cesse de nous surprendre ou de nous étonner. Mais si on se réfère à la loi de karma, ce sont en réalité nos propres limites et notre propre ennui que nous découvrons à travers l'autre et les reproches que nous lui faisons sont les reproches que nous pourrions nous faire à nous-mêmes. Les psychologues appellent *amour fusionnel* ce sentiment qui, en fonctionnant en circuit fermé, épuise rapidement ses propres réserves.

La quête du complémentaire

Si tout le monde recherche son alter ego, son âme sœur, pourquoi trouve-t-on des couples qui semblent bien assortis tout en paraissant pourtant complémentaires ? En quoi le différent peut-il nous apporter des motifs de satisfaction ?

Si nous prenons du plaisir à parler, il semble évident que nous trouverons notre bonheur en rencontrant quelqu'un capable de nous écouter. S'il parle autant que nous, nous risquons d'être tous les deux frustrés. Si nous aimons donner, il faut bien qu'il y ait en face de nous quelqu'un aimant recevoir et si nous aimons être admirés, il nous faut rencontrer quelqu'un ayant besoin d'admirer.

La complémentarité a, de plus, un indéniable avantage pratique : elle nous permet d'abandonner à l'autre les activités que nous n'aimons pas faire ou que nous ne savons pas faire. C'est la division du travail : "*tu t'occupes de la maison, moi de la voiture ; je m'occupe du jardin et toi des papiers administratifs.*"

Le danger est d'entretenir un amour dépendance à travers lequel l'autre comble par sa présence nos propres manques. Il n'y a pas d'osmose : chacun reste à sa place et profite des qualités de son conjoint pour ne pas travailler sur ses insuffisances. Si l'autre s'en va (séparation ou mort), on se sent comme amputé dans son propre corps. Il nous manque terriblement parce qu'à aucun moment, il y a eu assimilation, chacun ayant été pour l'autre un soutien mutuel voire une béquille. Si l'un s'efface, l'autre tombe.

Il existe dans la nature des espèces qui vivent les unes pour et par les autres, des champignons par exemple, qui ne peuvent subsister qu'aux côtés d'une seule espèce d'arbre. Leurs filaments alimentent les racines de l'arbre et réciproquement. La dépendance mutuelle est telle, que si l'un disparaît, l'autre disparaît aussi. C'est ce que l'on appelle l'effet mycorhize. De la même façon, il y a des vieux couples qui s'éteignent à l'unisson : l'un s'en va, l'autre ne tarde pas à le suivre. Karmiquement parlant, l'autre ne devrait être là que pour nous aider à nous compléter. Ses qualités, nous devons les assimiler, les faire nôtres et réciproquement. Ni stagnation, ni opposition mais complémentarité dynamique. Chacun se rapproche de l'autre.

La chaîne et le peigne

Il était une fois, en quelque lieu du monde, deux époux dont l'amour n'avait cessé de grandir au creux de leur chaumière depuis le jour de leur mariage. Ils étaient très pauvres et chacun d'eux savait que l'autre portait en son cœur un désir inassouvi. Lui avait une montre en or pour laquelle il ambitionnait secrètement d'acquérir un jour une chaîne du même métal précieux. Elle avait de grands et beaux cheveux et rêvait d'un peigne de nacre pour les serrer sur sa nuque.

Avec les années qui passaient, il en était venu à penser au peigne plus qu'à la chaîne de montre, cependant qu'elle oubliait la nacre en cherchant comment acheter la chaîne rutilante. Depuis longtemps ils n'en parlaient plus, mais leur esprit secrètement nourrissait le projet impossible. Au matin de leurs noces d'or, le mari eut la stupeur de voir son épouse avancer vers lui les cheveux coupés !

- Qu'as-tu fait, mon amie ?

Elle ouvrit alors les mains dans lesquelles brillait la chaîne d'or :

- Je les ai vendus pour acheter la chaîne qui accompagnerait ta montre.

- Ma pauvre amie, s'écria-t-il, en ouvrant ses propres mains dans lesquelles resplendissait la nacre, j'ai vendu la montre pour t'acheter le peigne !

Et de tomber dans les bras l'un de l'autre, dépouillés de tout, riches de leur seul amour...

Conte médiéval rapporté par Gérard Bessières dans "Fêtes et saisons" 488, Cerf

Combien d'opportunités gâchées, combien d'occasions ratées parce que nous vivons trop souvent la complémentarité comme une opposition, comme un motif d'incompréhension, d'incommunicabilité. Chacun se cramponne à sa singularité et ne veut pas se rapprocher de l'autre. Chacun souhaite amener l'autre dans son propre territoire. Notre côté narcissique nous fait rechercher un autre nous-mêmes et nous sommes déçus de trouver un autre vraiment trop différent de nous. Et pourtant, seul cet autre est capable, par sa différence, de nous agrandir et la vie peut devenir une aventure magnifique si nous décidons d'affronter ensemble nos épreuves communes et de bénéficier mutuellement de nos avancées. La complémentarité est une des manifestations de la grande loi de l'offre et de la demande. Il ne s'agit pas ici d'attirance ou de désir, mais de corrélations interdépendantes. C'est la raison pour laquelle le bonheur des uns fait le malheur des autres, la richesse des uns fait la pauvreté des autres, le goût de la compétition des uns fait l'élimination des autres et l'autorité des uns fait la soumission des autres. Ne pas voir ce lien c'est se condamner à ne pas comprendre les rapports qui attirent et opposent les réalités complémentaires.

Le complémentaire est non seulement ce qui nous permet de nous parfaire, de nous parachever, mais également ce qui par nature s'oppose à nous. Il est à la fois extrêmement proche et étranger comme une frontière commune qui sépare deux pays. Sacha Guitry a exprimé avec beaucoup de finesse cette idée dans son mot d'esprit : *"je suis contre les femmes, tout contre."*

La double spirale

De même que le cercle symbolise le mouvement qui sans cesse se répète en un éternel retour non renouvelé, la ligne droite à l'inverse représente le toujours différent, chaque point étant à la fois nouveau et unique par rapport à celui qui le précède. Du point de vue du progrès évolutif, ces deux figures comportent des avantages et des inconvénients. Le cercle en évoluant dans le "toujours même" enferme dans une routine répétitive et stérile. La ligne droite à l'inverse, par sa fuite éperdue en avant et sa quête du toujours nouveau, risque la non-assimilation. Il existe une troisième figure qui conjugue les avantages des deux précédentes tout en évitant leurs inconvénients, c'est la spirale. Elle est à la fois cercle ouvert et droite courbée revenant sur elle-même en s'élevant chaque fois d'un degré. C'est l'union du même et du différent et certainement la meilleure image que l'on peut se faire de l'évolution. Si ces deux qualités se trouvent réunies dans un couple, nous avons comme nous pouvons le voir sur le schéma suivant, deux spirales enlacées s'enroulant et progressant autour d'un axe central fictif.

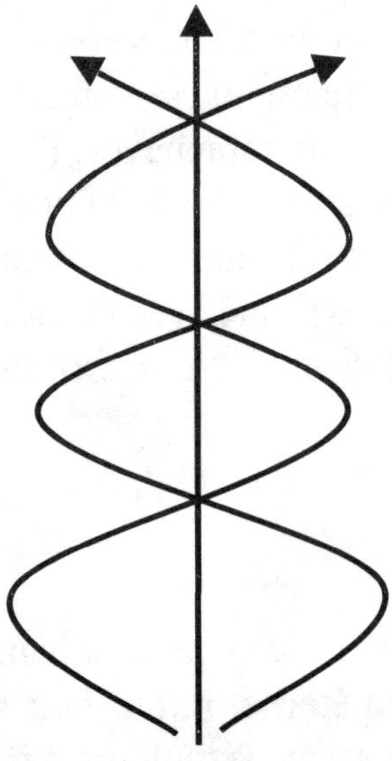

Schéma n°6 : Le caducée et l'ADN

Et c'est, singulière coïncidence, le symbole par excellence de l'évolution en biologie représentée par le double brin d'ADN, la structure dite à double hélice constituée d'une suite combinée de quatre bases composant la matière première de nos chromosomes.

Anima et Animus chez Jung

Nous disposons de notre libre arbitre mais notre karma intervient dans le choix de notre compagnon ou de notre compagne. Ecoutons ce qu'en dit Jung :

> "Tomber amoureux (...) c'est comme une prise de possession. Ainsi par exemple tomber amoureux, à première vue c'est cela. Vous avez, en vous-même sans le savoir, une certaine image de la femme. Vous voyez cette femme ou du moins quelqu'un qui s'en rapproche beaucoup et instantanément, vous êtes saisis, vous êtes pris. Plus tard, vous pouvez découvrir que c'est une erreur monumentale. Un homme est tout à fait capable de voir que " la femme de son choix " n'a pas du tout été choisie. Il a été capturé. Il ne le peut pas, il est comme prisonnier entre ses mains. C'est l'archétype (...) de l'anima (pour une femme, l'animus.) (...) Chaque homme porte une femme en lui."
>
> *R. Evans : "Entretiens avec C.G. Jung" (Payot) cité dans Planète Plus, n°18 p. 55*

Qui dirige la partie ? Qui capture ? Qui nous pousse à choisir contre notre volonté consciente la femme ou l'homme qui pourra nous faire du mal ou du bien ? C'est bien sûr notre âme/inconscient et la loi de karma derrière qui se fraie un chemin à travers elle, pour que se manifestent tous les effets suspendus de nos actes passés. Elle provoque les rencontres non seulement en fonction des affinités et des complémentarités, mais également des potentialités. La femme idéale pour karma n'est pas celle qui est dotée de toutes les qualités mais celle qui nous met au pied du mur en nous renvoyant à nos propres manques (elle-même ne le sait pas). Non seulement elle permet à notre karma de s'incarner (à travers ou grâce à elle), mais elle est aussi l'aiguillon qui nous stimule et qui nous offre des possibilités de mieux nous connaître.

On apprend aux garçons à ne pas pleurer et aux filles à être coquettes. La séparation des sexes, encouragée par la société contemporaine, ne favorise pas l'enrichissement mutuel. Pour un homme, avoir le courage de s'opposer à cette norme, c'est accepter de révéler et réveiller la féminité refoulée, inconnue ou fuie, qu'il porte en lui-même. La femme qui nous est dévolue selon Jung est celle qui nous permet de mettre un visage à l'anima, à la féminité que nous portons en nous-mêmes, de devenir plus sensible ou plus réceptif si ces qualités nous font défaut. Ce n'est pas parce que les hommes viennent de Mars et les femmes de Vénus, qu'il faut rester chez soi. Rien ne nous interdit de voyager et même de nous installer dans un autre pays pour un temps ou pour une vie.

Le juste milieu

> "Un disciple de sage ne mange pas debout, ne se lèche pas les doigts, ne rote pas en public. Il discute volontiers, mais pas trop. Il rit volontiers, mais pas trop. Il dort volontiers, mais pas trop. Il prend son plaisir, mais pas trop. Il n'est ni un oui-oui, ni un non-non."
> *Talmud : Dérekh Erets Zota 5*

On retrouve ce thème chez nombre de philosophes et

d'hommes de religion, depuis Bouddha jusqu'à Maimonide en passant par Pythagore, Aristote et Epictète.

Chilon, un des sept sages de la Grèce (5ème siècle av. J.C.) avait gravé cette sentence : *“rien de trop”*, et Hésiode le célèbre poète grec (milieu du 8ème siècle) nous exhortait déjà à observer la mesure. Nous retrouvons ici le thème de l'hybris, la démesure, considérée par les Grecs comme la faute suprême. Il ne peut y avoir de bonheur sans respect des limites et enfreindre cette loi c'est faire montre d'une prétention qui ne peut que se retourner finalement contre nous.

Dans le bouddhisme, la quatrième noble vérité, Magga, la voie qui mène à la cessation de la douleur est connue sous le nom de *“sentier du milieu”*, parce qu'elle nous permet d'éviter deux écueils importants :

- La recherche du bonheur à travers les plaisirs des sens.
- La recherche du bonheur par la pratique de l'ascétisme et des mortifications.

Bouddha, ayant lui-même essayé ces deux voies a conclu à leur échec. Seul ce sentier du milieu, connu également sous le nom de *“noble sentier octuple”* est capable de nous procurer l'éveil et le calme intérieur.

> "Le prince Cakyamuni, qui n'était pas encore le Bouddha, l'illuminé, cherchait désespérément la réponse à la lancinante question : “Pourquoi les hommes souffrent-ils ?” Dans un premier temps, il se dépouille de tout et se livre aux plus extrêmes austérités sans trouver la réponse. Il décide alors de s'asseoir sous l'arbre bodhi en méditation. Or, voici que passent deux musiciens avec leurs sitars, cette harpe indienne aux sons mélodieux. Ceux-ci s'assoient au pied de l'arbre et ajustent leurs instruments. L'un d'eux, le plus expérimenté, donne à l'autre ce sage conseil.

- Ne tends pas trop les cordes, elles risqueraient de casser. Mais ne les laisse pas trop lâches non plus : elles ne vibreraient plus suffisamment. Observe le juste milieu. Cakyamuni comprit alors que ces paroles étaient dites pour lui. Il décida d'abandonner les austérités et de suivre la voie du juste milieu, la voie de la sagesse et de la modération."
Apologue Bouddhiste

Le dénominateur commun des huit catégories de ce sentier (la compréhension juste, la pensée juste, la parole juste, l'action juste, les moyens d'existence justes, l'effort juste, l'attention juste et la concentration juste) est le qualificatif “juste”, qui n'est pas dans ce contexte simplement l'opposé du faux. Nous ne sommes pas ici dans un système binaire où le froid s'oppose au chaud, où le bien s'oppose au mal, mais dans une approche triple où le juste se trouve à mi-chemin, au milieu entre le trop et le pas assez. Juste, au sens de justice, c'est-à-dire ce qui est censé se situer au milieu, en équilibre entre les deux plateaux de la balance. C'est la juste rétribution qui provoque au centre, entre les oscillations de la vie, pour un moment, une juste immobilité. C'est l'expression par excellence de la loi de karma, loi de justice dont la fonction est de rééquilibrer l'harmonie perturbée. Pour y arriver, il fait contrepoids, il ajoute un poids équivalent sur l'autre plateau afin d'obtenir une position d'équilibre, les deux poids s'annulant dans une immobilité commune.

Lorsque nous rencontrons un compagnon ou une compagne, il ou elle peut représenter notre complémentaire, c'est-à-dire l'autre côté de notre balance intérieure. Ensemble, nous pouvons tendre vers un équilibre, une harmonie composée. L'autre en mettant en lumière nos ombres, nous invite à nous orienter vers notre juste milieu. Le but de la loi de karma est de nous faire atteindre extérieurement et intérieurement ce point d'équilibre où nous ne serons plus ballottés entre les causes et les effets, entres les actions et les réactions. L'âme construit son nid dans cet œil du cyclone, à l'abri des bouleversements de la vie. L'idéal consiste à diminuer peu à peu l'amplitude de nos oscillations (émotions, humeurs incontrôlées) jusqu'à atteindre ce juste milieu, là où règne la calme tranquillité, et s'y installer. Que faisons-nous quand une eau est trop chaude pour la tiédir ? Nous ajoutons de l'eau froide. C'est l'addition des extrêmes et leur synthèse qui mène au centre, juste au milieu, dans le juste milieu.

> "Si vous êtes avare, pratiquez la générosité non pas comme une vertu, mais comme un correctif."
> *Idries Shah, "Sages d'orient", Ed. Du Rocher1993, p. 158.*

Nous retrouvons cette approche également dans la théorie dite des "trois colonnes" de la kabbale juive. Nous comprenons mieux à présent pourquoi karma nous confronte à notre complémentaire qui se situe à l'autre extrême de notre être, celui que nous devons intégrer pour nous rapprocher de notre centralité en arrêtant de nous cramponner à notre latéralité.

Un plus un égal trois

Nous connaissons la célèbre maxime de Saint-Exupéry *"s'aimer c'est regarder ensemble dans la même direction"*. Non pas simplement devant soi, mais dans la même direction, c'est à dire vers le même but. Tous les psychologues le disent : deux êtres qui s'aiment et qui ne se fixent pas des objectifs communs risquent de s'éloigner, de voir leurs routes diverger. Le but, l'objectif commun, est représenté, sur le schéma ci-dessous, par le point C, ce point qui, projeté loin devant nous, donne un sens c'est-à-dire une direction à notre cheminement commun. Les points ABC forment ainsi un triangle, une réalité triple, dont le troisième terme est le couple, c'est-à-dire ce supplément qui naît de l'union des deux.

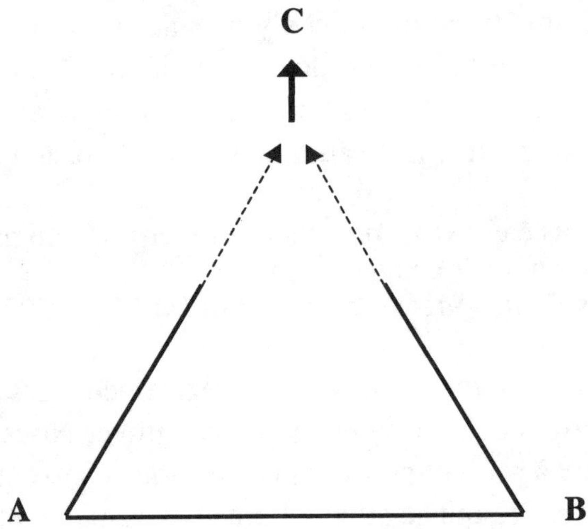

Schéma n°7 : le couple triangle

Il est intéressant de remarquer que, sur ce schéma, plus les points A et B (les deux composantes du couple) progressent vers le point C (l'objectif commun) et plus ils se rapprochent l'un de l'autre, la distance qui les sépare se réduisant ainsi peu à peu. Ce troisième terme, déjà présent en nous sous la forme d'un idéal ou d'un objectif commun, est le point vers lequel masculin et féminin convergent, le point central, le juste milieu de la réconciliation, l'espace où règne la paix et où la cause et l'effet se retrouvent unifiés en un acte unique.

SANTÉ

Nous savons aujourd'hui, grâce à la médecine psychosomatique que la maladie n'est pas seulement l'expression d'un dysfonctionnement organique mais également une fuite et un refuge dans lequel nous nous abritons quand nous refusons d'affronter ou n'arrivons pas à accepter une réalité. Freud en a déduit toute la théorie dite des "bénéfices secondaires", qui fait de la maladie non pas un ennemi mais un complice déguisé de nos impuissances ou de nos peurs.

Karma nous oblige à porter notre attention sur notre part de responsabilité dans toutes les situations de notre vie, même celles que nous subissons. Or, il est un domaine où beaucoup se refusent à appliquer ce raisonnement : c'est celui de la santé. Si nous attrapons une grippe, nous pensons que c'est la faute au microbe, à l'épidémie, à la cousine qui l'a contractée et qui nous l'a transmise presque par hasard ; que c'est donc un incident qui ne dépend absolument pas de nous. Si c'est vraiment le cas, pourquoi toutes les personnes qui ont rencontré ma cousine le même jour, n'ont pas contracté le virus comme nous ?

L'homéostasie

Ce concept optimiste et écologique élaboré par Walter B. Cannon (1871-1945) neurophysiologiste américain, désigne la tendance des organismes vivants à maintenir constants leurs paramètres biologiques face aux modifications du milieu extérieur. Cette espèce d'harmonie préétablie tend à se reconstituer chaque fois qu'elle est perturbée un peu comme un phénomène de cicatrisation après une blessure

La loi karmique est non seulement homéostatique, mais elle offre à l'émetteur, quand il est la cause du trouble, une occasion de se réformer. Sa fonction est donc également éducative. Karma nous permet, non seulement de régler nos comptes avec le passé, mais de mieux nous orienter dans notre avenir.

La notion de terrain

Le terrain est, (nous citons le Larousse) l'ensemble des facteurs génétiques et/ou physiologiques qui favorisent l'apparition de certaines maladies. Ce sont ces facteurs qui nous prédisposent, plus qu'un autre, à attraper une maladie en offrant au microbe une faille qui lui permet de pénétrer dans notre corps et de s'y multiplier. Il existe même des cas, dans les maladies dites auto-immunes, où c'est notre propre corps qui fabrique lui-même ses ennemis (les anticorps) qui vont se retourner contre lui. En général les microbes ne pénètrent que si notre système immunitaire est défaillant. C'est comme un étau qui se desserre ou un filet dont les mailles s'élargissent et qui laisse passer de plus gros objets. Cette faiblesse peut être naturelle, génétique ou faire suite à des agressions extérieures répétées.

La notion de terrain nous permet de comprendre que la maladie n'est pas simplement le fruit d'un hasard malheureux, mais celle d'une rencontre entre des conditions intérieures et des facteurs extérieurs. Est-ce un hasard si l'abeille est attirée par le miel où si une tuile cassée laisse passer la pluie ? Si le microbe contamine par hasard, cela signifie que le mal qui en résulte aurait très bien pu ne pas se produire, qu'il est aléatoire, ce qui est en contradiction totale avec le principe de justice karmique.

La psychosomatique

> "La psyché et le corps réagissent par sympathie. Un changement d'état de la première entraîne un changement de structure de l'autre et réciproquement."
> *Aristote*

La psychosomatique est une science qui s'est considérablement enrichie depuis la découverte des effets du stress sur notre système immunitaire. Ce facteur, dont les effets ont été étudiés dans les années 30, par le médecin canadien Hans Selye (1907-1982), quantifie ce que l'individu est capable de supporter dans une période donnée. Selon le même principe, les dermatologues ont récemment prouvé que chaque personne dispose d'un "capital soleil" variable, qui, lorsqu'il est épuisé, suite à des expositions successives, peut donner lieu à l'apparition de mélanomes, des tumeurs cutanées capables de se transformer en cancers de la peau. Nous disposons d'un capital stress rechargeable, qui, lorsqu'il est dépassé, peut provoquer en nous des dommages physiques ou nerveux.

Chaque situation forte, négative ou positive, est porteuse d'une certaine quantité de stress. Lorsque la limite supportable est atteinte, l'individu est susceptible de craquer (break-down), ce qui peut se manifester selon les cas par une dépression ou une maladie psychosomatique.

Le principe de ce "capital stress" peut s'appliquer à toute durée. Il est valable pour une journée, une semaine ou un mois comme des cartes téléphoniques de 50 ou de 120 unités. Si en 24h, notre capital journalier est épuisé, nous rentrons alors dans une zone d'irritabilité où toute tension, même la plus minime, pourra générer en nous une réaction disproportionnée de colère ou de tristesse.

En 1967, deux chercheurs américains, Holmes et Rahe ont mis au point une grille d'évaluation avec une liste de situations types génératrices de stress auxquelles ils ont attribué un certain nombre de points. Nous la reproduisons ici.

- Mort d'un conjoint (ou de notre enfant)	= 100
- Séparation	= 73
- Divorce	= 65
- Prison	= 63
- Mort d'un parent proche	= 63
- Maladie personnelle	= 53
- Mariage	= 50
- Démission ou congé	= 45
- Réconciliation conjugale	= 45
- Maladie d'un membre de la famille	= 44
- Grossesse	= 40
- Difficultés sexuelles	= 39
- Nouvelle orientation professionnelle	= 39
- Arrivée d'un nouveau membre dans la famille	= 39
- Changement dans la situation financière	= 38
- Mort d'un ami proche	= 37

- Modification du type de travail .... = 36
- Modification de la fréquence des discussions avec le conjoint .... = 35
- Emprunt dépassant 4 000 € .... = 31
- Obligation de paiement inattendue .... = 30
- Responsabilité modifiée dans le travail .... = 29
- Départ d'un enfant du foyer .... = 29
- Difficultés avec les parents .... = 29
- Succès personnels démesurés .... = 28
- Epouse commençant ou cessant de travailler .... = 26
- Début ou fin d'école .... = 26
- Changement dans les conditions de vie .... = 25
- Révision de points de vue personnels .... = 24
- Difficultés avec le patron .... = 23
- Changement de l'horaire ou des circonstances de travail .... = 20
- Changement de domicile .... = 20
- Changement dans l'école ou la formation .... = 20
- Formes de vacances modifiées .... = 20
- Changement dans les activités religieuses .... = 19
- Changement dans les activités sociales .... = 18
- Emprunt en dessous de 4 000 € .... = 17
- Changement dans les habitudes de sommeil .... = 16
- Fréquence modifiée dans les réunions de famille .... = 15
- Vacances .... = 13
- Changement des habitudes alimentaires .... = 13
- Noël .... = 12
- Violation mineure de la loi .... = 11

Marie Borrel et Ronald Mary, "L'envie de guérir", Editions Belfond 1992, p.99

Comme nous pouvons le remarquer, il s'agit tout autant d'événements négatifs que positifs. Dans les deux cas, notre cerveau ordonne la fabrication de substances spécifiques (adrénaline, endorphines etc.) provoquant des effets physiologiques (vasoconstriction, respiration accélérée) mesurables. Il s'agit ici d'une moyenne élaborée à partir d'un panel qui ne prend pas en compte les spécificités culturelles ou subjectives. Pour une personne, la perte d'un travail sera une catastrophe occasionnant un stress terrible alors que pour une autre, ce sera une opportunité pour trouver une meilleure place. Noël n'aura pratiquement aucun impact pour un juif ou un musulman. Néanmoins, ce test, reste dans son approche générale valable.

Le calcul à partir de cette grille doit se faire sur les six mois qui ont précédé le test. Si le nombre obtenu est supérieur à 300, les risques de rupture et donc de somatisation deviennent importants. Ceux qui ont, par exemple, de l'herpès remarquent bien à quel point son apparition est liée à une tension intérieure, à une pression exercée par le monde extérieur sur leur état mental. Dans Albertine disparue, Marcel Proust, qui était lui-même sujet à de fréquentes crises d'asthme (affection que certains psychologues n'ont pas hésité à imputer à une mère trop étouffante), écrit : "*le regret d'une maîtresse, la jalousie survivante sont des maladies physiques au même titre que la tuberculose ou la leucémie.*"

Chaque maladie de l'âme se transforme inéluctablement en maladie du corps. Aux Etats-Unis, à l'université de Minnesota, une expérience portant sur plus de 1000 personnes, s'est déroulée pendant près de 25 ans. Il s'agissait d'étudier si des pensées négatives et stressantes comme le fait de se méfier de tout le monde ou de voir des ennemis partout pouvait influer sur notre santé. Les expérimentateurs sont arrivés à la conclusion que ces individus avaient quatre fois plus de risque de subir un infarctus que les autres, et que leur taux de mortalité était en moyenne plus de six fois supérieur à celui des personnes dont le relationnel était moins paranoïaque !

Le symptôme est le langage choisi par le corps pour s'exprimer. A ce titre, il est absurde de chercher à tout prix à l'annihiler sans avoir préalablement cherché à le comprendre. La Gestalt-Thérapie - approche thérapeutique privilégiant le ressenti au présent plutôt que la recherche dans le passé des causes de notre mal être – l'a bien compris et c'est la raison pour laquelle elle provoque ou amplifie les symptômes pour mieux comprendre et analyser les messages qu'ils essaient de nous transmettre.

Toute tension intérieure, tout stress est susceptible de déclencher chez un individu un processus psychosomatique lié à une prédisposition génétique ou relative à son terrain. Cet état est latent en nous et ce sont les conditions extérieures qui déclenchent son apparition. C'est comme une ampoule qui ne s'allume que si l'on appuie sur l'interrupteur. Notre cerveau, associé à notre système nerveux agit comme cet interrupteur et déclenche, quand le stress fait déborder la coupe, un processus de somatisation. Le fait que ces maladies soient appelées couramment "nerveuses" est hautement significatif, car on a cru, pendant longtemps, que ce réseau était la seule interface entre notre psyché et notre corps. Aujourd'hui, nous savons que les glandes endocrines, par l'intermédiaire des hormones, participent à ces modifications.

Les informations viennent du corps et retournent au corps via notre cerveau/psyché qui, malheureusement, n'interprète pas toujours avec une grande objectivité, le sens de ces messages. L'information est ici transformée, voire dénaturée, un peu comme dans le *"téléphone arabe"*. Tous ces processus étant, pour la plupart, inconscients, nous ne maîtrisons ni la fabrication ni l'émission de ces substances dans notre corps.

Monsieur Placebo

Vous avez peut-être eu connaissance du compte rendu relatant l'expérience suivante. On provoque chez un individu un état d'hypnose puis on prend une pièce de monnaie que l'on pose sur le dos de sa main en lui suggérant préalablement qu'elle est brûlante, ce qui n'est pas le cas. La pièce retirée, aussitôt une cloque se forme, exactement comme lors d'un contact de la peau avec une surface très chaude. Le corps réagit comme s'il avait subi une vraie brûlure, alors que seule l'idée lui a été suggérée ! Notre cerveau est capable de donner des ordres très précis au corps - ici il s'agit du déclenchement d'un processus anti-inflammatoire- en l'absence de tous stimuli réels le justifiant ! Nos réactions physiologiques ne sont donc pas forcément reliées à une réalité mais à une conviction intérieure. Il n'y a pas de différence entre une brûlure réelle et l'effet provoqué par une suggestion de brûlure. Le corps, dans les deux cas, se mobilise de la même façon et fabrique par l'intermédiaire du cerveau, les substances adéquates pour répondre à cette agression.

Pavlov, le célèbre physiologiste russe (1849-1957) avait déjà, dans sa théorie des réflexes conditionnés, abouti aux mêmes conclusions. Des stimuli extérieurs, sonores ou auditifs, peuvent provoquer des réactions physiologiques très précises lorsqu'ils sont associés à une fonction vitale. Si nous faisons à plusieurs reprises, sonner une cloche à un chien avant de le nourrir, ce son provoquera, indépendamment de tout autre stimulus, un effet de salivation. Appliqué à l'homme, ce principe peut être étendu à toute perception, incluant par exemple l'effet de la parole. Un simple mot, s'il est chargé émotivement pour celui qui l'entend, (angoisse, peur, joie...) peut provoquer un effet physiologique correspondant.

Le cerveau ordonnera par exemple, à l'occasion d'un stress, la fabrication à notre insu d'adrénaline provoquant, entre autres, une vasoconstriction, c'est à dire un resserrement de nos vaisseaux sanguins. De la même façon, le fait de croire à une réalité, même si celle-ci n'est qu'intérieure, provoque dans notre organisme, des effets clairement observables. C'est ce principe qui est au fondement même du phénomène mystérieux que l'on a nommé placebo. Ce terme est le premier mot qui introduit le psaume 114 de la Vulgate, la traduction latine de la Bible et il peut se traduire par *"je plairai"*. Il est entré dans le vocabulaire médical dès le 19ème siècle pour désigner un remède que l'on prescrit pour plaire au malade, pour lui faire plaisir plus que pour lui être utile. Les médecins ont constaté depuis longtemps que le seul fait de donner un médicament, indépendamment de sa substance active, peut avoir un effet curatif, c'est-à-dire susceptible de guérir si le malade est convaincu de l'efficacité de celui-ci.

Nous savons aujourd'hui, que la responsabilité relative à la surconsommation médicamenteuse n'est pas imputable au seul médecin. Le malade, même s'il n'en a pas réellement besoin, réclame des ordonnances. Si le médecin ne lui en prescrit pas, il a le sentiment que l'on ne prend pas son mal au sérieux. Il ira consulter un second médecin puis un troisième jusqu'à obtenir satisfaction. C'est la raison pour laquelle tout médecin, pour "plaire" (placebo) au malade, lui prescrira des médicaments même si ceux-ci ne contiennent que des substances inactives comme le glucose. Le plus étonnant est que l'on a constaté que dans nombre de cas le médicament placebo, dont la molécule est par conséquent inactive, peut guérir aussi bien que le vrai ! Les statistiques évaluent ce taux entre 30 et 70% selon les cas ! C'est la raison pour laquelle tout médicament est soumis, avant sa commercialisation, à un sévère protocole nommé "double aveugle" et qui se déroule de la façon suivante.

On administre à un échantillon de personnes, sans qu'elles le sachent, successivement le médicament actif puis le placebo afin de pouvoir comparer leurs résultats respectifs. Lors de ce test, les expérimentateurs eux-mêmes ignorent la vraie nature des substances qu'ils donnent aux sujets afin de ne pas les influencer, consciemment ou inconsciemment. Citons cette expérience rapportée par Norman Cousins :

> "Dans une étude de Beecher et Lasagna sur les douleurs post-opératoires, on administra alternativement de la morphine et des placebos à un groupe de patients qui venaient de subir une intervention chirurgicale. L'efficacité du placebo correspondit à 77% de celle de la morphine (...) Et plus les douleurs étaient fortes, plus le placebo était efficace."
> *"La volonté de guérir" Norman Cousins, Editions Points Seuil 1981 p. 53.*

Cette démonstration n'a pas pour objet de dénigrer l'efficacité des produits pharmacologiques mais de prouver que l'action d'un médicament peut être contrariée ou au contraire démultipliée par l'effet placebo. La confiance, la croyance en l'efficacité d'un médecin, d'un médicament ou d'un psychothérapeute est un des paramètres essentiels dans le processus thérapeutique, quelle que soit la nature du mal. Et ce phénomène est vrai dans les deux sens, positif ou négatif. Le placebo dans un sens autodestructeur porte le nom de nocebo. Dans l'effet placebo, le faux médicament ne présente aucun intérêt en lui-même. L'important est le processus psychologique qu'il déclenche, qui passe par la confiance que nous accordons au médecin et à son ordonnance et qui se poursuit par la fabrication par notre cerveau de substances qui vont soutenir l'activité de notre système immunitaire et provoquer l'auto guérison. Notre psychisme est notre premier médecin.

La méthode Coué

A mi-chemin du domaine de la santé et de celui de la psychologie, il nous a paru intéressant de faire un petit détour par cette méthode qui éclaire d'une façon originale la question du pouvoir de la foi appliquée à soi-même, autrement dit aux effets de l'autosuggestion.

Emile Coué (1857-1926) était pharmacien. Un jour, pour rassurer un client difficile, il lui donne un flacon d'eau distillée en lui faisant croire que c'était un médicament et en lui faisant des recommandations quant à son absorption. A sa surprise, le malade revient huit jours plus tard pour le remercier : il était guéri !

A partir de cette anecdote, Emile Coué invente sa célèbre méthode de guérison par autosuggestion où l'imagination est sollicitée pour entrer en communication avec l'inconscient et ses immenses pouvoirs. Il ne s'agit pas, contrairement aux idées reçues, de se forcer à répéter inlassablement une phrase formulée comme un souhait mais de se persuader au présent que le but est déjà atteint. Ce sera par exemple “je suis guéri” et non pas “je veux ou je désire guérir”. Tout effort, toute distance temporelle, tout doute peut faire échouer l'action auto-suggestive. Il nous faut confier le travail à notre inconscient, lui faire confiance, croire en son pouvoir et il se chargera d'obtenir pour nous le résultat désiré. Nous sommes les architectes, l'inconscient est l'ouvrier. Comme nous le voyons, cette méthode qui a fait ses preuves, s'appuie sur la foi, la confiance en soi et la visualisation positive pour accomplir de véritables prodiges. A jouer les Cassandre en se persuadant que l'on ne s'en sortira pas, on se donne raison. L'inverse est également vrai. Il est clair qu'Emile Coué avait pressenti avant l'heure l'importance du phénomène appelé aujourd'hui placebo.

Organe cible et effet fusible

La maladie n'emprunte pas n'importe quelle voie pour se manifester. Nous avons tous, pour des raisons liées le plus souvent à notre génétique, un talon d'Achille, un organe plus fragile. Pour l'un, ce sera l'estomac ou le côlon, pour l'autre ce sera le cœur ou les artères. Ce maillon faible est le premier qui rompt quand la pression exercée par la vie est trop forte. C'est lui qui fait office de fusible comme s'il acceptait de se sacrifier le premier pour préserver le reste de l'organisme. C'est le “Jésus du corps” qui, en prenant le mal sur lui, protège les autres organes. Cet organe cible remplit également la fonction de messager. Il est la sonnette d'alarme qui nous permet de mobiliser les énergies dont nous disposons avant que cela dégénère. Nous ne sommes pas responsables de notre héritage génétique, mais de la façon dont nous gérons les tensions et le stress de notre vie

Prenons l'exemple d'une personne surchargée de responsabilités. Elle travaille sans cesse et ne s'accorde que très rarement des moments de repos. Elle repousse toujours au lendemain sa semaine de vacances, parce qu'il y a toujours, au dernier moment, quelque chose à faire. Elle épuise ainsi son corps lequel, pour l'obliger à lever le pied, s'arrange pour la rendre malade. C'est l'effet fusible qui permet d'arrêter la machine en surchauffe avant la catastrophe.

Comme nous l'avons vu, une des raisons d'être de la loi de karma est de rétablir un équilibre perturbé. C'est le cas ici. L'effet fusible est une des manifestations de l'instinct de conservation du corps qui, face au comportement irrationnel de l'homme, arrête la machine avant qu'elle n'explose ou n'implose. Pour les uns, ce sera une simple dépression, pour d'autres une grippe ou une entorse.

La maladie est un signal, une alerte, l'indication que la limite a été dépassée et qu'il faut s'accorder une pause. Elle est le repos forcé, physique et psychique, que le médecin-karma nous impose. Nous entrons au garage pour une révision. C'est à la fois l'occasion pour le corps de réparer les dégâts occasionnés par ces abus et pour la psyché de faire le point sur les raisons de ces dysfonctionnements. La maladie est une invitation à la sagesse, un SOS lancé par notre corps. Lacan disait que les maladies psychosomatiques étaient comme des lettres qui se matérialisaient dans notre corps.

Devenir l'acteur de sa guérison

"Beaucoup de votre douleur est par vous-même choisie. C'est la potion amère par laquelle le médecin en vous guérit votre moi malade."
Khalil Gibran, "Le prophète", Casterman, p. 52

Karma met en évidence notre responsabilité dans tous les domaines de notre vie et la maladie au même titre que le reste, n'y échappe pas. Il nous oblige à collaborer, à nous investir dans le processus curatif en ne laissant pas la responsabilité de notre guérison au seul milieu médical.

Norman Cousins, déjà cité plus haut, a souligné l'importance de la coopération entre le malade et le médecin. S'en remettre totalement aux pouvoirs des médicaments et des thérapeutes, c'est démissionner de notre propre capacité à intervenir dans le cours de notre destin. Il faut s'intéresser à son mal, poser toutes les questions possibles à notre médecin et ne pas faire un complexe d'infériorité devant son savoir et sa compétence. Garder, dans la mesure du possible notre pouvoir de libre arbitre, prendre les décisions avec lui, faire siennes ses hésitations et partager la responsabilité des choix, s'il faut en prendre.

Dans notre société, on nous a trop habitués à remettre notre sort entre les mains des spécialistes de tout genre. Il ne s'agit pas de retirer la confiance indispensable que nous devons accorder à notre médecin, mais de ne pas lui signer un chèque en blanc. Nous ne devons pas mener un combat contre le système médical mais contre notre propre passivité.Notre but ici n'est pas de culpabiliser en voulant responsabiliser. Il serait ridicule de dire de quelqu'un qui vient de décéder suite à une grave maladie que c'est de sa faute ! Il ne suffit pas de vouloir pour pouvoir, mais ne pas vouloir c'est assurément se priver d'un allié puissant dont nous avons impérativement besoin si nous voulons augmenter nos chances de guérison. La maladie devrait toujours être vécue comme un questionnement, une invitation à la remise en question et au changement, changement dans notre façon de nous nourrir, changement dans notre façon de gérer nos relations avec notre patron, notre femme, nos enfants, changement dans le regard que l'on se porte. Il est trop facile de mettre tous les torts sur le dos d'un microbe ! Ce dernier n'est que l'agent d'une situation dont nous sommes la cause. C'est à l'intérieur de nous qu'il faut se tourner pour comprendre les raisons des choses.

Toutes les personnes qui ont réussi, contre le diagnostic des médecins, à se guérir d'une maladie réputée incurable, se sont toutes engagées dans un processus de changement. Les miracles existent, mais ils ne dépendent que de nous. Il nous faut apprendre la forme pronominale du verbe guérir. On ne guérit pas, on se guérit, on ne tombe pas malade, on se rend malade. Croire en la loi de karma, c'est poser le principe selon lequel la frontière entre l'intérieur et l'extérieur n'existe que dans notre esprit. L'extérieur n'est qu'une excroissance de notre monde intérieur. La limite entre ces deux mondes n'est pas séparation mais trait d'union. Nous sommes une réalité unique que nous pourrions appeler intérieur/extérieur. L'un des aspects est cause, l'autre effet, non pas dans une seule direction mais dans une interaction dynamique, dans un dialogue continuel.

Freud a écrit que *"la maladie est une tentative de*

guérison". Sa finalité, comme celle de karma, n'est pas la mise à mort mais toujours la vie. Son but est de nous signaler un mal, de nous stimuler et de nous amener à nous perfectionner. La maladie, c'est notre corps qui nous parle et qui nous pousse à chercher les solutions de notre propre bien-être.

Qu'en est-il cependant des pathologies graves telles les maladies psychiatriques graves avec perte totale ou partielle des facultés mentales (autisme, schizophrénie, Alzheimer...) ? Comment se manifeste l'action karmique dans ces cas extrêmes où l'être semble absent à lui-même et où son libre arbitre semble inopérant ? Tout ce que nous pouvons dire, c'est que cette personne devient, à son insu, un agent karmique pour son entourage.

A ce qu'en dit le proverbe, la foi déplace des montagnes. Il est indéniable qu'à partir du moment où nous croyons, nous puisons en nous au fond de nos réserves toute la volonté dont nous avons besoin pour combattre la maladie. L'échec est souvent une démission. L'homme peut beaucoup, mais il abandonne trop souvent prématurément le combat. Même Jésus, à qui l'on l'attribue de nombreuses guérisons miraculeuses, déclare au malade avant de le quitter : "*ta foi t'a guéri",* laissant entendre par là qu'il est le véritable artisan de sa rémission.

PRIÈRES

Prière et karma sont-ils compatibles ? Qu'avons-nous à demander à une loi qui est parfaite, qui ne peut remettre en question le moindre de ses décrets et qui, de toute façon, n'a pas d'oreilles pour nous entendre ?

La prière troc

La prière dans la tradition occidentale est fréquemment synonyme de requête. Nous demandons à Dieu de nous épargner une souffrance ou de nous apporter une satisfaction. Elle est souvent l'objet d'un troc, d'un marchandage : *"Mon Dieu si tu me donnes ce que je te réclame, je te promets que je respecterai tes préceptes "*.

Le sacrifice dans l'antiquité correspondait également à cette logique de troc, de monnaie d'échange. C'était une façon intéressée de conjurer le sort, de calmer la colère divine. Dieu se repaît du fumet de l'encens et des sacrifices et envoie en échange ses faveurs. Le sacrifice aujourd'hui, bien qu'intériorisé, garde fondamentalement la même signification et fonction. Nous sacrifions la bête en nous, notre côté animal en échange de la satisfaction de notre demande. Le but n'est pas la transformation intérieure de l'individu mais le rétablissement de la bonne entente entre l'homme et Dieu. Par le sacrifice, on règle un passif en espérant que l'ardoise sera effacée. Nous sous-entendons que Dieu a toujours une bonne raison de nous en vouloir et qu'il nous faut donc réparer.

Un autre aspect de cette prière-requête - somme toute assez égoïste -, est l'obtention d'un désir (amour, argent, examen etc.) ou l'éloignement d'une souffrance (maladie, séparation, faillite etc). On s'adresse à Dieu quand on pense avoir utilisé tous les moyens dont on disposait et qu'on ne sait plus quoi faire. Mais n'est-ce pas vain ?

> "Quiconque se lamente dans ses prières sur le passé, prie en vain. Quiconque, une fois sa femme enceinte, demande dans ses prières que ce soit un garçon, prie en vain. Quiconque enfin entend un cri dans la ville et se dit : "*Fasse que ce cri ne vienne pas de ma maison*", prie en vain."
> *Talmud de Babylone Berakhot 54a*

Karma n'est pas un initiateur : c'est à nous d'amorcer la pompe. Il n'est que la juste réponse de nos actions et n'est en rien influencé par nos intentions pieuses. Seuls l'intéressent les changements effectifs, les actions qui ont du poids et qui peuvent modifier le cours des choses avant que le présent ne tombe comme un couperet. Si une prière est une promesse conditionnelle, on peut douter de son efficacité et de sa sincérité. La personne doit éveiller en elle le désir profond du changement indépendamment de sa demande. La prière exaucée n'est pas la cause mais la conséquence de ce changement.

La prière vœu

Une prière peut être un moyen psychologique de puiser à l'intérieur de soi une volonté qui nous fait défaut. L'autre peut parfois nous apporter cette aide mais comment et où trouver cette force quand nous sommes seuls ? En se coupant en deux, en opérant un dédoublement de personnalité entre ce qui demande et ce qui est susceptible de satisfaire la demande, entre notre faiblesse et notre force.

Emettre un vœu consiste à prendre à témoin, à l'intérieur de soi, ce qui nous paraît digne de respect, la valeur intime que l'on ne veut pas trahir. Gandhi procédait de la sorte : chaque fois qu'il souhaitait tenir une résolution, il créait en lui une frontière qu'il s'interdisait de franchir sous peine de sanction intérieure grave. Il n'est pas utile pour cela d'imaginer une catastrophe naturelle, le mal que la conscience peut se faire à elle-même suffit.

La prière vœu n'est pas une simple requête, c'est un rassemblement des énergies, une mobilisation et une réunification intérieure en vue d'un but. C'est nous-mêmes qui fixons la mise, qui mettons sur le plateau de la balance le poids de la cause : l'effet suivra. Nous sommes fondamentalement les maîtres de notre karma. C'est nous qui faisons la gravité ou la légèreté des choses.

Les bouddhistes sont persuadés que les grands sages qui font le vœu de compassion, se réincarnent dans une famille et dans un corps où ils pourront le réaliser avec plus de facilité. C'est le cas en particulier des "Tulkus", ces incarnations de grands lamas dont on retrouve la trace chez ces jeunes enfants qui reprennent le flambeau et l'héritage spirituel des défunts.

Le Dalaï-Lama en est l'illustration la plus connue. Il en est de même pour les boddhisattvas, ces grands sages qui, suite à un vœu, refusent le paradis pour rester sur terre afin de soulager la souffrance humaine.

Prière et foi

Si la prière est liée à la foi en un Dieu capable de l'exaucer, pour quelle raison, celui-ci attendrait une sollicitation pour intervenir ? S'Il est infiniment juste, Il devrait parfaitement savoir ce qu'il a à faire sans qu'on le lui demande, et ses actions ne devraient en rien être influencées par une prière... à moins que cette prière soit elle-même une nouvelle donnée qui lui permette de modifier le cours des choses au même titre qu'un acte présent.

La prière avec son corrélatif, la foi, peut devenir un puissant moteur de changement interne qui peut déborder sur les phénomènes extérieurs. Le fait même de croire, en activant en nous l'espoir et l'optimisme, peut mobiliser une énergie suffisante pour favoriser la réalisation de nos désirs. C'est le cas par exemple pour les prétendus miracles observés dans des lieux charismatiques comme Lourdes, qui ne sont, selon notre opinion, que l'effet démesuré d'un placebo religieux, que la conséquence d'une confiance - ou d'une foi - que nous accordons à raison à notre Dieu guérisseur intérieur. Mais jamais et en aucune façon, ce processus ne peut aller à l'encontre des lois naturelles en général et karmiques en particulier. On n'a jamais vu le membre d'un cul de jatte repousser !

La prière demande

"Frappez, il vous sera ouvert.
Demandez, il vous sera répondu, selon la nature de la demande.
Pour toi lorsque tu pries, entre dans ta chambre, et après avoir fermé la porte
prie ton Père dans le secret, et ton père qui voit dans le secret te le rendra (...)
Car il sait votre Père, ce dont vous avez besoin avant que vous lui demandiez."
Matthieu 6, 6-7

Il y a des jours où les épreuves s'agglutinent. La volonté n'y est plus, les bonnes résolutions volent en éclat, et on a l'impression de glisser sur les parois de notre vie sans pouvoir se raccrocher à quoi que ce soit. Alors, comme dans le livre *L'Ecclésiaste*, on s'entend murmurer : *"tout est vanité"*.

Nous avons cru construire sur le roc et tout nous apparaît de nouveau fragile. Nous sommes nombreux à avoir ressenti, même passagèrement, ce sentiment et la tentation de demander une aide, dans ces circonstances, est compréhensible, même si nous ne sommes pas croyants. C'est une façon psychologique de se soulager et d'évacuer une partie de ce mal être qui nous oppresse. Le fait de demander prouve que l'on porte en soi, secrètement l'espoir d'une réponse. C'est l'expression d'un désir qui porte le germe d'une renaissance. La graine est dans notre cœur : la demande intérieure est l'eau qui peut la faire germer. En ce sens, elle n'est pas abandon mais au contraire activation. Nous retirons la mission à notre conscient pour la confier à notre âme/inconscient.

Le vrai désespéré, celui qui ne croit plus en rien ne prie pas. Ne cherchant plus aucune réponse, il s'enferme dans un mutisme stérile d'où rien ne peut surgir, et il n'en récoltera que du silence. Rabbi Itshak dit :

> "Si un homme t'assure : J'ai cherché et je n'ai pas trouvé, ne le crois pas. S'il t'assure : je n'ai pas cherché et j'ai trouvé, ne le crois pas. S'il t'assure en revanche : J'ai cherché et j'ai trouvé, crois-le."
> *Talmud de Babylone, Méguila 6a*

La prière formulée n'est trop souvent qu'un monologue où l'on ne fait que s'entendre parler. La vraie prière-méditation consiste à se mettre en condition pour recevoir. Elle consiste à rentrer en soi et écouter pour essayer de se mettre au diapason. C'est comme un "la", à l'intérieur de soi. C'est la petite "voix du silence" dont parlent les sagesses orientales. Il faut retrouver le calme intérieur pour l'entendre, il faut se taire pour l'écouter.

Les réponses sont toujours là, ce sont nos bruits, nos peurs et nos angoisses intérieures qui nous les cachent, comme les nuages voilent la lumière du soleil.

La prière remerciement

> MERCI
> "Pour le ciel et les fleurs
> Les oiseaux, l'odeur du printemps
> Et le son de l'accordéon émouvant qui éperdument
> Dans les rues de Paris se meurt (...)
> Pour les joies et les peines
> Les fleurs fanées qui refleurissent

Pour l'espoir qui naît des supplices
Les amis qu'on ne connaît point
Les ennemis qui nous viennent
Merci
Pour le beau et le laid.
Pour la victoire et la défaite
Pour les deuils et aussi les fêtes
Et les amours de feuilles mortes
Et la jeunesse trop tôt morte
Merci. Merci à la vie."
Chanson de Mouloudji, paroles de Gaby Verlor

Louis Claude de Saint-Martin exprime la même pensée quand il écrit :

"Nous ne devrions faire à Dieu que des prières de remerciements, et ne jamais rien lui demander, car il ne donne que ce qui est toujours parfait et toujours excellent."
Louis Claude de Saint Martin, "Maximes et pensées", Ed. Leymarie 1977, p. 123

Remplacez le mot Dieu, par celui de karma et vous comprendrez l'idée. C'est le merci d'exister, un merci pour la totalité. Merci pour les souffrances qui nous font comprendre le sens de la vie, pour le manque qui nous fait tant apprécier le moment de la satisfaction. Karma ne veut que notre bien, même quand il nous fait mal. Comme le dit Rumi, le mystique musulman dans son *“ Menesvi ”* :

"On doit remercier pour les bienfaits comme pour les déboires. Car dans le destin existe le pire du pire."
Rumi, Le Menesvi, Albin Michel : “Spiritualités vivantes” 1996, p. 141

Anthologie karmique

Le florilège de citations qui suivent, tirées de textes religieux, philosophiques et littéraires, n'est qu'un modeste échantillon non représentatif, fruits de nos lectures occasionnelles. Il est à ce titre très incomplet et parfaitement subjectif. Notre but n'est pas de prouver ici que tous les courants ou les personnes citées adhèrent à la loi de karma, mais de continuer à alimenter notre réflexion sur karma par des éclairages et des questionnement nouveaux. Les citations ne sont pas toujours des références directes à cette loi, mais apportent un regard original voire paradoxal au principe de causalité. Cette anthologie, fidèle à l'esprit de ce livre, se veut donc avant tout une matière à réflexion et non un dénombrement des partisans de cette loi.

Précisons que si, nous avons sélectionné ces textes qui nous ont paru dignes d'intérêt sur le plan de l'étude comparée des religions et des opinions qu'ils ont inspirées chez divers auteurs, cela ne signifie pas que nous adhérons obigatoirement à leur contenu. Nous avons néanmoins tenu à les citer pour donner un vaste échantillon des différentes façons d'appréhender la loi de karma afin que chacun se fasse sa propre opinion sur la question.

KARMA DANS LES RELIGIONS

Dans l'Hindouisme

Dans l'hindouisme, karma renvoie à la fois à l'action et à la conséquence de l'action. Il s'applique autant à la dimension physique que morale de la vie. Le non-agir n'échappe pas non plus à cette loi quand il est motivé. Nous sommes autant responsables de nos engagements que de nos passivités complices. L'ignorance n'est jamais une excuse ou une échappatoire. Tout karma porte en lui-même la semence d'un autre karma à venir. L'hérédité, le caractère ne sont que des formes extériorisées et cristallisées de notre karma passé. Nous sommes libres de les vivre comme une donnée figée et inamovible ou à l'inverse, comme une matière malléable que nous pouvons modifier selon la force de nos efforts volontaires. Le libre arbitre a toujours le dernier mot, par son engagement ou son absence.

• Dans les Védas, les textes fondateurs de l'hindouisme, correspondant à notre Ancien Testament, karma désigne aussi le culte rituel et le comportement philanthropique. On trouve dans l'hindouisme trois formes de karma :

- *L'agami-karma* : c'est le karma que nous créons aujourd'hui, à chaque instant et qui se réalisera dans un avenir proche ou lointain. C'est à l'occasion de ce karma que nous pouvons modifier notre avenir, prendre des résolutions et faire des vœux.

- *Le Prarabdha-karma :* c'est le karma arrivé à terme, assez mûr pour *tomber comme un fruit* et constituer notre présent. Ce sont les actions accomplies dans un passé proche ou dans une vie antérieure qui produisent leurs effets. On parlera de Parabdha karma quand le processus est arrivé à un point où il est irréversible, comme une flèche qui a quitté la corde et qui ne reviendra pas.

Ramana Maharishi, le grand saint indien moderne (1879-1950) se retira plusieurs années dans une montagne. Il s'enferma dan un mutisme complet. Sa mère vint le voir pour le conjurer de rentrer à la maison. La seule réponse qu'il lui donna fut ces quelques mots qu'il griffonna sur un morceau de papier :

> "Le destin de l'âme est scellé en accord avec son Prarabdha-karma. Ce qui ne doit pas survenir ne surviendra pas, si fort que tu le souhaites. Mais ce qui doit arriver, arrivera, quoique tu fasses pour l'empêcher. C'est une chose certaine. Aussi, la meilleure voie est-elle le silence."

- *Le Sanchita-karma :* c'est le karma "en suspens". Les causes ont déjà été générées mais les effets ne sont pas encore arrivés. C'est ce karma qui sera constitutif de notre futur caractère dans notre prochaine naissance.

• Le Karma-Yoga

Le yoga n'est pas, comme on le pense en occident, une forme de gymnastique relaxante. Cet aspect, (hatha yoga), n'est qu'une infime partie de ce système qui se développe à travers quatre formes complémentaires:

- Le karma yoga ou yoga de l'action désintéressée.
- Le bhakti yoga, ou yoga de la dévotion.
- Le jnana yoga ou yoga de la connaissance.
- Le Raja Yoga ou yoga Royal, décrit par Patanjali dans ses aphorismes.

Le karma yoga consiste à offrir l'action en offrande, comme un sacrifice. Le sage agit sans attendre de récompenses. L'action trouve sa justification en elle-même. Dans un de ces livres, Vivékananda, disciple du mystique Ramakrishna, le définit de la façon suivante :

> "Il n'y a que deux façons d'échapper aux rouages du monde (...) La première est de renoncer à tout souci de la machine, de la laisser aller et de se tenir à l'écart. C'est facile à dire, mais presque impossible à faire. (...) Il est bien évident que si nous renoncions à notre attachement pour ce petit univers des sens ou de l'esprit, nous serions immédiatement libres. (...) Mais qui donc atteindra à cette renonciation complète? Combien peu! Il est une seconde voix qui consiste à plonger dans la machine (...) et à apprendre à la manier. C'est la voie du karmayoga ; elle part du dedans et mène au-dehors."

- Les Lois de Manou

Les lois de Manou sont le texte le plus connu des Dharmashastras, ces recueils composés de maximes censées énoncer les codes de conduite des brahmanes, les prêtres hindous.

> "L'être vient au monde seul, il disparaît seul, seul il reçoit le fruit de ses bons actes comme de ses méfaits." *Manu IV, 40*

> "Le châtiment gouverne tous les êtres, le châtiment seul les sauvegarde, le châtiment veille quand ils dorment. Le châtiment, disent les sages, c'est la Loi." *Manu VII, 18*

- Le Shaïvisme (ou Shivaïsme)

Le Shaïvisme est une des trois grandes formes de culte de l'hindouisme moderne avec le Vaishnavisme (culte du Dieu Vishnou) et le Shaktisme où Tantrisme (adoration de la Déesse Shakti, femme de Shiva).

Les Shaiva voient dans le Dieu Shiva, troisième figure de la trimurti (Trinité) Indienne, l'Etre Suprême. C'est à lui seul qu'ils adressent leurs prières.

"Supposons qu'une âme ait à son actif mille actes bons, à son passif mille cinq cent actes mauvais. Elle en consomme durant sa vie actuelle cinquante bons et cinquante mauvais. Elle tombe en enfer où elle expie huit cent mauvais actes. Renaissant dans la condition humaine, elle consomme six cent d'entre les neuf cent cinquante actes bons qui restaient, cinq cents d'entre les six cent cinquante mauvais : il demeure trois cent cinquante actes bons, cent cinquante mauvais non consommés.
Les nombres de base (mille et mille cinq cents) forment le karma d'arrivée, les nombres intermédiaires, le karma en cours, le solde (trois cent cinquante et cent cinquante) sont le karma qui s'accumule."
Caivasiddhânta dans L. Renou, "l'Hindouisme" - P.U. F Que sais-je ; Ed 1979 p. 57

- La Bhaghavad Gita

Ces termes signifient littéralement : *"Le chant du bienheureux Seigneur"*. Ce poème philosophique dialogué de 700 versets, rédigé sur 6 ou 7 siècles entre le 5ème siècle avant notre ère et 200 ans après J.C, fait partie de la grande épopée indienne intitulée le Mahabharata. Qualifié *d'Evangile de l'Inde*, c'est certainement le texte Indien le plus connu en occident. Gandhi en fit son livre de chevet.

"Ce que je viens de t'exposer c'est la sagesse spéculative. Ecoute maintenant cette sagesse sur le plan pratique. Si tu te pénètres de cette connaissance, tu seras délivré des liens de karma."
Chapitre 2, verset 39

"Ce que dans ton égarement tu ne veux pas faire, tu le feras malgré toi, entraîné par ton karma passé qui procède de ta propre nature."
Chapitre 18, verset 60

Dans la philosophie Chinoise

- Le Tao Te King

Ces termes signifient littéralement le *"Livre de la Voie et de la Vertu"*. Ce livre est un ouvrage chinois de 5000 caractères attribué au sage Lao Tseu (6ème siècle av J.C). On y retrouve les grands principes de la philosophie taoïste.

"Qui se tient creux, se remplira"
"Qui subit l'usure se renouvellera"- *Chapitre 22*
"L'éloignement exige le retour" - *Chapitre 25*

Dans la Jaïnisme

La religion Jaïn fut fondée vers le 6ème siècle avant J.C par Mahavira, contemporain du Bouddha. Son but est de libérer l'homme du cycle des réincarnations et de le conduire à la délivrance ou nirvana. Elle compte aujourd'hui environ deux millions de fidèles vivant pour la plupart en Inde. Religion ascétique et non-violente, elle attribue à karma une fonction prépondérante. Plus qu'une loi, c'est une sorte de matière subtile non perceptible par nos sens grossiers qui, en adhérant ou en s'agglomérant autour de l'âme, l'obscurcit et lui fait perdre le souvenir de sa véritable nature Divine. Les Jaïns vont jusqu'à diviser karma en huit catégories (karma corporel, familial, qui détermine la longueur d'une vie etc.) et 148 subdivisions! La finalité de tout ce processus est de se libérer progressivement de tous ces attachements en devenant un *Jina*, un vainqueur de ses passions.

Dans le Bouddhisme

Karma a pris naissance en Inde et ce n'est que deux à trois siècles plus tard qu'il est apparu dans le bouddhisme. Bien qu'il signifie action, il peut être autant généré par la parole ou la pensée. C'est la loi de causalité universelle, à travers laquelle l'effet mûrit dans la cause comme la graine qui va donner une plante. Cette plante à son tour donnera des graines. L'effet devient donc à son tour cause. Et si la mort vient interrompre ce processus de maturation en laissant en suspens des effets non manifestés, karma oblige l'être à renaître pour recueillir le fruit de ces effets en attente.

Ici aussi, une intention, même si elle n'est pas suivie d'une action peut générer du karma. Seule une action désintéressée, qui n'est pas attachée à ses propres conséquences peut nous libérer du cercle de l'action karmique. Dans le 26ème chapitre du Sutra du Lotus, nommé *"Sutra Fugen"*, du nom de ce célèbre Boddhisattva, le bouddha de compassion, on trouve le passage suivant :

> "L'océan des obstacles karmiques naît des illusions. Si vous souhaitez corriger votre karma passé, asseyez-vous correctement et méditez sur la réalité ultime de la vie. Toutes vos fautes s'évanouiront alors comme la gelée blanche et la rosée, au soleil de la sagesse de l'Eveil qui donne la possibilité de transformer le karma."

Il est intéressant de noter ici que le karma passé comme nous l'avons dit à plusieurs reprises n'est pas une fatalité. Il peut s'évanouir si nous produisons des changements conséquents dans notre nature présente. Le présent peut paradoxalement modifier le passé, c'est à dire qu'il peut intervenir pour modifier ce qui nous était initialement promis.

• Le Dhammapada

Le Dhammapada est un recueil poétique composé de 423 vers répartis en 26 thèmes et qui aborde les grands thèmes de la doctrine bouddhiste. Le texte original est en langue palie et jouit d'une grande popularité dans les pays adeptes du Théravada, bouddhisme du sud est asiatique (Sri Lanka, Thaïlande Cambodge, Birmanie, Laos)

> "Doux comme du miel, est pour l'insensé, son acte mauvais, jusqu'à ce qu'il mûrisse : alors commence le chagrin."
> *Verset 69*

"L'acte mauvais ne porte pas immédiatement ses fruits de malheur comme le lait se caille. Mais plutôt semblable à un feu qui couve, l'acte mauvais guette l'insensé pour le brûler plus sûrement."
Verset 71

"Quand l'esprit de l'insensé porte enfin le fruit du mal, celui-ci fait voler en éclats son bonheur et lui brise la tête."
Verset 72

"L'homme mauvais connaît des jours heureux jusqu'à ce que ses mauvaises actions mûrissent. Alors arrivent les mauvais jours comme des conséquences inévitables."
Verset 119

"Même un homme bon peut connaître des mauvais jours jusqu'à ce que ses bonnes actions portent leurs fruits ; alors viennent les beaux jours."
Verset 121

"Quiconque blesse un homme inoffensif pur et sans faute, sur cet imbécile, le mal reviendra en contrecoup comme la poussière qu'on a jetée contre le vent."
Verset 125

"Ni dans le domaine de l'air, ni dans le milieu de l'océan, ni dans les grottes des montagnes, l'on ne peut trouver un asile assuré contre les conséquences de ses actes mauvais."
Verset 127

"Comme les plantes grimpantes recouvrent l'arbre, celui dont le péché est grand prépare lui-même les ravages que son ennemi lui souhaiterait."
Verset 162

"C'est par sa propre rouille que le fer est attaqué et détruit. Ce sont ses propres actes qui précipitent le pécheur dans le malheur."
Verset 240

Dans le bouddhisme Tibétain

- Le Bardo Thodol (Livre des morts Tibétain)

Ce célèbre texte, élaboré au 14ème siècle, décrit les différentes étapes qui suivent la mort et précèdent la renaissance.

> "O fils noble écoute. Si tu souffres ainsi, c'est à cause de ton propre karma, cela n'est dû à personne qu'à ton propre karma. "
> *Editions Maisonneuve, p. 142 - Traduction suivant la version anglaise de Lama Kazi Dawa Samdup*

- Padmasambhava (755-797)

Sage Bouddhiste dont l'existence historique est avérée et qui convertit les Tibétains adeptes à cette époque de la religion Bön, à sa foi. Il est vénéré aujourd'hui sous le nom de Guru Rimpoché comme un second Bouddha.

> "Si vous désirez connaître votre vie passée, examinez votre condition présente."

> "Si c'est votre vie future que vous désirez connaître, examinez vos actions présentes."

Dans la mythologie germanique et scandinave *(1er siècle av. J.C.)*

Il est difficile d'isoler les traditions des Germains de celles des Scandinaves car ils ont les mêmes Dieux. Parmi leurs œuvres les plus importantes, nous trouvons les Eddas, recueils de traditions mythologiques et légendaires. Dans ces textes, le destin, assez proche de notre concept de karma, est appelé Orlog et il représente l'ensemble des actions passées qui affecte le présent et le futur.

Comme nous l'avons vu dans notre premier ouvrage, les Nornes, les trois déesses sœurs qui font connaître aux hommes les décrets d'Orlog ou du destin, représentent les trois manifestations dans le temps de cette loi. Chez les anglo-saxons, le Wyrd est l'équivalent de l'Orlog Scandinave et il est représenté symboliquement sous la forme d'une gigantesque toile d'araignée qui remue dès qu'un élément perturbateur extérieur la touche. Nous retrouvons ici les caractéristiques essentielles de la loi karmique, un ordre initial (dharma) qui dès qu'il est remis en question, met en branle tout un processus réparateur qui peut se retourner contre l'élément perturbateur.

KARMA DANS LES RELIGIONS MONOTHEISTES

Les trois grandes religions monothéistes ont, vis-à-vis de Dieu et de karma, une position ambivalente. D'un côté, il parait évident que Dieu est vigilant et attentif à tout ce qui peut arriver sur terre. Il ne s'est pas retiré après l'œuvre de la création, et assure *un service après vente*, sept jours sur sept. C'est ce que l'on appelle dans certaines théologies, la *création permanente*. Tout n'a pas été créé une fois pour toutes. Le devenir est l'expression d'une création qui continue. Comme, on peut le lire parfois, la mission de l'homme est de parachever le travail Divin. La création, d'un point de vue biblique, ne s'arrête pas avec l'homme, mais commence avec lui. Dans le Zohar, texte de la mystique juive, on peut lire :

> "Au sixième jour, ayant créé l'homme, Dieu lui dit : j'ai travaillé jusqu'ici, maintenant c'est toi qui continueras."

Dieu est tout autant immanent que transcendant, à la fois présent au monde terrestre et au-delà de ce monde. Il est Dieu le Père, mais aussi Saint-Esprit. Il est Hachem (le Nom), l'ineffable mais également, sa Shekhina, sa présence au monde. Il ne laisse pas les hommes agir en monarques absolus. Il intervient et rectifie le tir quand c'est nécessaire, quitte à produire des miracles. Dieu intervient donc dans notre quotidien. Nous lui devons nos joies et nos souffrances. Mais comme cette justice immanente n'est pas suffisante et qu'il y a de l'injustice ou du hasard malgré tout, Dieu a institué un Jugement post-mortem, censé remettre définitivement les pendules à l'heure. Non seulement, nous sommes récompensés et punis de notre vivant, mais nous serons également punis et récompensés après notre mort. C'est karma qui fait des heures supplémentaires. Mais au bout du compte, tout est juste et consommé.

Dans le Judaïsme

• La Genèse

C'est le premier des cinq livres composant la Torah juive, que l'on nomme aussi le Pentateuque. On y retrouve le récit de la création, la création d'Adam et Eve, ainsi que l'histoire des patriarches, Abraham, Isaac, Jacob etc.

> "Femmes de Lamec, prêtez l'oreille à ma parole. J'ai tué un homme parce qu'il m'avait frappé et un jeune homme à cause de ma blessure."
> *Chapitre 4, verset 23*

• L'Exode

C'est le second livre du Pentateuque qui fait suite à la Genèse. On peut y lire le récit de la sortie d'Egypte des hébreux jusqu'à leur arrivée dans la terre promise.

> "Si des hommes ayant une rixe, l'un d'eux heurte une femme enceinte et la fait avorter sans autre malheur, il sera condamné à l'amende que lui fera infliger l'époux de cette femme, et il la paiera à dire d'experts. Mais si un malheur s'ensuit, tu feras payer corps pour corps. Oeil pour oeil, dent pour dent, main pour main, pied pour pied. Brûlure pour brûlure, plaie pour plaie, contusion pour contusion." *Chap. 21, versets 22-25*

Cette loi du talion a mauvaise réputation depuis que Jésus Christ l'a abolie pour la remplacer par la loi d'amour et le principe de non-violence évangélique. Pourtant elle est par définition l'illustration la plus rigoureuse de la loi de karma. Elle propose une réparation juste pour tout préjudice subi. De la même façon, karma en tant que loi de justice, ne peut en aucune façon, se permettre de faire du sentimentalisme. Elle agit comme une loi du Talion en rendant *oeil pour oeil, dent pour dent*. La non-violence et le pardon, aussi sublimes soient-ils, ne la concerne pas. Ils restent le privilège de l'homme. De plus, les exégètes juifs ont, le plus souvent, interprété la loi du talion d'un point de vue législatif et non pas comme une invitation à la vengeance sauvage.

C'est au juge d'évaluer le prix du préjudice (symboliquement l'œil ou la dent) et d'imposer au coupable le coût de la réparation.

• Le Lévitique

Troisième livre du Pentateuque. C'est un recueil des lois (alimentaires, juridiques etc.) censées organiser la vie sociale des hébreux.

> "Si quelqu'un fait périr une créature humaine, il sera mis à mort. S'il fait périr un animal, il le paiera corps pour corps. Et si quelqu'un fait une blessure à son prochain, comme il a agi lui-même, on agira fracture pour fracture, oeil pour oeil, dent pour dent ; selon la lésion qu'il aura faite à autrui, ainsi lui sera-t-il fait."
> *Chapitre 24 , versets 18-20*

• Le Deutéronome

Cinquième et dernier livre du Pentateuque. On y trouve un rappel du récit de l'exode ainsi que des lois et des réglementations diverses.

> "Ne laisse donc point s'attendrir ton regard, vie pour vie, oeil pour oeil, dent pour dent, main pour main, pied pour pied."
> *Chapitre 19, verset 21*

"Les pères ne mourront pas pour les enfants
Et les enfants ne mourront pas pour la faute des pères
Chacun mourra pour son propre péché."
Chap. 24, v. 16

• Job

Ce livre fait partie des " livres poétiques et sapientiaux[15]" (nommés livres hagiographiques par les Juifs), troisième et dernière partie de l'Ancien Testament. On y trouve Satan qui, fait extraordinaire, *tente* Dieu en lui demandant l'autorisation d'éprouver une de ses créatures, Job, juif pieux et sans histoires. Dieu, confiant, lui donne carte blanche. Satan est donc ici l'intermédiaire autorisé de Dieu, Son messager et Son ambassadeur au même titre que les anges. Cet admirable texte biblique a le mérite d'enlever toute l'hypocrisie qui règne sur les rapports entre Dieu et le Diable. Il est clair ici, que Satan n'est pas cet ange déchu qui a tourné le dos à son créateur au point de le défier, mais un fonctionnaire qui remplit consciencieusement sa tâche qui n'est pas, reconnaissons-le, très gratifiante. Dans le passage qui suit, un sage s'adresse à Job par ces paroles :

"Ta piété ne te donne-t-elle pas confiance
Ta conduite intègre n'est-elle pas ton espérance?
Cherche dans ta mémoire quel est l'innocent qui a péri
En quel lieu du monde, des justes ont-ils été exterminés?
Pour moi, j'ai vu que ceux qui labourent l'iniquité
Et qui sèment la souffrance en recueillent les fruits."
Chapitre 4, versets 6-9

"Loin de Dieu l'iniquité
Loin du Tout Puissant l'injustice
Il rend à l'homme selon ses oeuvres
Et il rétribue chacun selon sa conduite
Non certes, Dieu ne commet pas d'injustices."
Chapitre 34, versets 10-12

---

[15] Livre sapiential : livre de sagesse

• Les Psaumes

C'est un ensemble de 150 psaumes que la tradition attribue au roi David.

"Oui l'Eternel m'a traité selon ma justice
Selon la pureté de mes mains que ses yeux ont reconnu
Avec celui qui est fidèle, tu es fidèle
Avec l'homme intègre, tu es intègre.
Avec celui qui es pur, tu te montres pur
Mais avec le pervers, tu te joues de sa perversité."
Chapitre 18, versets 25-27

• Les Proverbes

Ensemble de proverbes attribués au roi Salomon

"Le pain acquis par la tromperie est agréable à l'homme
Mais ensuite, il aura la bouche remplie de graviers."
Chapitre 20, verset 17

• L'Ecclésiaste

Recueil de maximes et de sentences

"Eloigne-toi de l'injustice, et elle s'éloignera de toi."
Chap. 7, v. 1

"Fais le bien à un homme pieux, il te le rendra
Sinon par lui-même, du moins par le très haut.
Pas de bienfaits à qui persévère dans le mal
et se refuse à faire la charité. *Chap. 12, v. 1-3*

• Abdias

Livre le plus court de l'Ancien Testament (21 versets) et qui porte le nom du quatrième petit prophète. Il annonce avec force l'approche de la fin des temps.

"Car le jour de l'Eternel est proche pour toutes les nations:
On te fera alors comme tu as fait toi-même. Tes actes retomberont sur ta tête !
Chap. 1, v. 15

• Le Talmud

Le Talmud (il y en a deux en réalité, le palestinien et le babylonien) est le texte qui a recueilli la tradition orale (michnah) transmise par Moise en même temps que la Torah. Il est censé éclairer et clarifier le texte biblique.

> "Un renard, le ventre creux, cherchait sa pitance. Il tomba sur une vigne que fermait une clôture. Celle-ci comportait bien une brèche, mais elle était trop étroite. Le renard se mit à jeûner et au bout de trois jours, il put se glisser dans la vigne. Là, il se goinfra tant que lorsqu'il voulut ressortir, il était à nouveau trop gros pour passer par l'ouverture. Il dut se remettre à jeûner, et quand, au bout de trois jours, il fut enfin dehors, il s'exclama :
> - Vigne, vigne, tes raisins ne m'auront servi à rien ! Ils sont peut-être gros et savoureux, ils ne profitent pour autant à personne. On sort de ton enclos comme on y rentre ! "
> *Talmud: Ecclésiaste Rabba 5*

Nous pouvons interpréter cette histoire selon le point de vue karmique, selon lequel on ne peut prendre impunément sans être obligé un moment ou l'autre de rendre, l'effet venant par-là rétablir un profit immérité.

• Maximes des pères (Pirke avoth)

Ces maximes, parties de la michnah et donc du Talmud, rassemblent des sentences morales et empreintes d'une sagesse universelle. Elles rapportent des propos tenus par de grands rabbins. Parmi eux, Ben Azai avait l'habitude de dire :

> "Cours à la poursuite d'une mitsvah (accomplissement d'un commandement de la Torah, une bonne action), même facile et fuis le péché. Car une mitsvah en entraîne une autre, une transgression en entraîne une autre. Car la récompense d'une mitsvah est la mitsvah, et le salaire d'un péché, c'est un péché."
> *Chapitre 4 Michnah 2*

• Dans la Kabbale

Le concept hébreu qui nous parait le plus proche de la loi de karma est sans conteste le *Tikoun* que l'on peut traduire par *mettre en ordre, réparer, restaurer, arranger* etc. On le retrouve essentiellement dans la kabbale juive, la tradition ésotérique et mystique juive. Parmi les auteurs les plus connus de cette tradition, nous trouvons en premier lieu Rabbi Siméon Bar Yohaï (2ème siècle ap.JC), l'auteur ou l'inspirateur du célèbre Zohar, Moise Cordovéro (1522-1570). et Rabbi Isaac Louria (1534-1572). Pour Philip Berg, Kabbaliste contemporain et auteur des *roues de l'âme*, la parenté est incontestable et les deux concepts sont presque identiques

> "L'essentiel est de comprendre que les lois du Tikoun aussi connues comme lois de karma, ne peuvent être saisies qu'à travers la pratique des techniques de méditation kabbalistique."
> *Les roues de l'âme p. 122*

Néanmoins, le *tikoun* juif prend place dans un environnement métaphysique propre à l'univers de la Torah (la Bible juive). Il présuppose avant même l'épisode de la création, une espèce de paradis perdu de l'âme humaine, d'état primordial où elle vivait sa profonde unité avec le Divin. Le *tikoun* est le processus de retour de l'âme vers sa véritable nature qui est unité et totalité. Elle a été endommagée lors de son immersion dans le monde. Il lui faut maintenant s'auto-réparer. L'unique remède, la seule pharmacopée efficace étant la pratique des *mitsvots*, c'est à dire des commandements bibliques qui sont au nombre de 613. Tant que la totalité de ces commandements n'aura pas été accomplie, l'âme se verra dans l'obligation de poursuivre son périple humain à travers de nouvelles incarnations. C'est ainsi que le *gilgoul*, la réincarnation version judaïque que l'on retrouve aussi dans la même tradition, est liée au *tikoun*.

Citons un autre passage tiré du même ouvrage :

"La punition n'est pas un concept qui existe dans le processus du tikoun. Le seul but de celui-ci est d'amener l'âme vers une purification.(...) La malchance ou la maladie sont purement les effets de facteurs qui les ont provoqués selon les lois du tikoun." *(p. 112)*

• Rabbi Nahman de Bratlav

Maître à penser et grand sage du mouvement hassidique ukrainien (1772-1811), connu pour sa grande piété et son talent de conteur.

"Lorsque vient l'épreuve, quand il faut y faire face
Consolez-vous en ayant foi que tout ce qui advient, advient pour le meilleur.
Mais bien entendu, cela ne dépend que de nous."

Dans le Christianisme

Nous trouvons dans la doctrine de l'église l'idée d'une justice immanente de Dieu. Mais seul le jugement dernier révélera jusque dans ses ultimes conséquences ce que chacun aura fait de bien ou de mal durant sa vie terrestre. Les fautes des méchants sont bien enregistrées mais à leur insu. Le jugement dernier dévoilera la justice triomphante de Dieu et les démasquera (page 1039 du catéchisme de l'église catholique).

• Dans les Evangiles

Rappelons qu'il existe quatre évangiles canoniques (reconnus par l'Eglise) : *Matthieu, Marc, Luc, Jean.*

"C'est l'histoire d'un homme, qui partant au loin, appela ses serviteurs, et leur remit ses biens. A l'un il donna cinq talents (c'est à dire cinq pièces) ; à un autre deux, à un autre, un. A chacun selon sa capacité. Et il partit.
Tout aussitôt, celui qui avait reçu les cinq talents, s'en alla les faire valoir, et il en gagna cinq autres. Pareillement celui qui avait reçu les deux, en gagna deux autres. Mais celui qui en avait reçu un,

partit creuser un trou dans la terre et cacha l'argent de son seigneur. Or, après un long délai, vient le seigneur de ces serviteurs. Et il leur demanda des comptes. S'étant avancé, celui qui avait reçu les cinq talents, apporta les cinq autres talents en disant:
- Seigneur, tu m'as remis cinq talents. Vois, j'ai gagné cinq autres talents.
Son seigneur lui répondit:
- Bien serviteur bon et fidèle! En peu tu as été fidèle, sur beaucoup je t 'établirai. Entre dans la joie de ton seigneur.
Et il dit la même chose au second serviteur. Or s'étant avancé, celui qui avait reçu un talent dit :
- Seigneur, je t'ai connu comme un homme dur, moissonnant où tu n'as pas semé et ramassant où tu n'as pas dispersé. Et pris de peur, je suis allé cacher ton talent dans la terre. Vois, tu as ce qui est à toi ".
Or ayant pris la parole, son seigneur lui dit :
- Mauvais serviteur et fainéant ! Tu savais que je moissonne où je n'ai pas semé et que je ramasse là où je n'ai pas dispersé. Tu devais donc porter mon argent aux banquiers, et étant venu, j'aurai repris mon bien avec les intérêts. Enlevez-lui donc le talent et donnez-le à celui qui a les dix talents. Car quiconque possède, il sera donné dans l'abondance. Mais à qui n'a rien, même ce qu'il a, lui sera enlevé."
Matthieu 25, 14-30

"Vous avez entendu qu'il a été dit : Oeil pour oeil et dent pour dent. Mais moi je vous dis de ne pas résister au méchant. Au contraire, si quelqu'un te soufflette à la joue droite, tends-lui encore l'autre."
Matthieu 5, 38-39

"Ne jugez pas, pour n'être pas jugé
Car du jugement dont vous jugez, on vous jugera.
Et de la mesure dont vous mesurez
On usera pour vous".
Matthieu 7, 1-2

"Prêtez sans rien attendre en retour et votre récompense sera grande." *Luc 6, 35*

"Demandez, et il vous sera donné.
Cherchez et vous trouverez.
Frappez et il vous sera ouvert.
Car quiconque demande reçoit
Et qui cherche trouve
Et a qui frappe il sera ouvert."
Matthieu7, 7

"Car il n'est pas d'arbre beau
Produisant du fruit pourri,
Ni non plus d'arbre pourri
Produisant du fruit beau.
Car chaque arbre se connaît
A son propre fruit.
Car sur des épines
On ne cueille pas des figues.
Ni sur de la ronce
On ne vendange du raisin." *Luc 6, 43-44*

• Epitre aux Hébreux

"Car celui qu'aime le Seigneur
Il le corrige et il châtie tout fils qu'il agrée.
C'est pour votre correction que vous souffrez
C'est en fils que Dieu vous traite
Et quel est le fils que ne corrige son père ?" *Chap. 12, v. 6-7*

• Epître aux Galates

"Ne vous y trompez-pas, on ne se moque pas de Dieu
Car ce que l'on sème, on le récolte
Qui sème dans sa chair, récoltera de la chair la corruption
Qui sème dans l'esprit, récoltera de l'esprit la vie éternelle
Ne nous lassons pas de faire le bien
En son temps viendra la récolte." *Chap. 6, v. 7-8*

• Epître aux Corinthiens

"Songez-y, qui sème chichement, moissonnera chichement.
Qui sème largement, moissonnera largement.
Que chacun donne selon ce qu'il a décidé dans son cœur !

Non d'une manière chagrine ou contrainte
Car Dieu aime qui donne avec joie." *Ep.1, Chap. 9, v. 6-7*

"Aucune tentation ne vous est survenue qui passât la mesure humaine. Dieu est fidèle ; il ne permettra pas que vous soyez tentés au-delà de vos forces. Avec la tentation, il vous donnera le moyen d'en sortir et la force de la supporter." *Epître 1, Chap. 10, v.13*

• Epître aux Romains

"Mais si notre injustice démontre la justice de Dieu, que dire?
Dieu serait-il injuste en nous frappant de sa colère?
Je parle en homme, certes non!
Sinon comment Dieu jugera-t-il le monde?" *Chap. 3, v. 5-6*

• Evangile apocryphe de Saint-Thomas

"On ne récolte pas de raisins dans les acacias, ni on ne cueille de figues sur l'alhagi, car ils ne donnent pas de fruits. Un homme bon tire du bon de sa réserve, un homme mauvais tire du néfaste de la réserve corrompue qui est dans son cœur et il dit des choses néfastes; car le débordement d'un tel cœur ne peut produire que du néfaste."
Logia 45

• Saint-Augustin (354-430)

Docteur de l'Eglise. Converti tardivement au Christianisme, il est sacré évêque en 396. Théologien, philosophe et moraliste, influencé par le Platonisme, il s'est opposé avec fermeté au manichéisme ainsi qu'à d'autres hérésies. Parmi ses œuvres les plus connues, nous trouvons *Les Confessions* et *La Cité de Dieu*. Il a exercé une influence capitale sur la théologie occidentale.

"Ainsi, ces hommes n'agissaient pas bien et de leur conduite, vous tiriez un bien pour moi : je péchais et vous tiriez de mon péché un juste salaire. Car vous avez voulu, et il en est ainsi, que toute âme déréglée trouve en elle-même son châtiment."
Les Confessions, Livre 1,chapitre XII, Garnier Flammarion, page 28

Karma dans l'Islam

• Le Coran

"Dieu ne commet aucune injustice envers les hommes ; les hommes la commettent envers eux-mêmes."
Sourate X, verset 45

"Dieu n'imposera à aucune âme un fardeau au-dessus de ses forces. Ce qu'elle aura fait sera allégué pour elle ou contre elle. Seigneur, ne nous punit pas des fautes commises par oubli ou par erreur. Seigneur, ne nous impose pas le fardeau que tu as imposé à ceux qui ont vécu avant nous. Seigneur, ne nous charge pas de ce que nous ne pouvons supporter. Efface nos péchés, pardonne-nous les, aie pitié de nous, tu es notre Seigneur."
Sourate II, verset 286

• Karma dans le Soufisme

Le soufisme est la tradition mystique musulmane. Elle est à l'islam ce qu'est la kabbale dans le judaïsme. Ses auteurs les plus éminents sont El Hallaj (858-922) et Rumi (1207-1273). Tous les récits cités dans cet ouvrage et mettant en scène le mullah Nassrudine, ont été recueillis par Idries Shah, un représentant contemporain de cette tradition.

• Djalal al-Din Rumi

"Tu prends un grand plaisir à commettre l'adultère par les yeux, mais tu ne te rends pas compte que, ce faisant tu dévores ta propre chair."
Le Menesvi p. 25, La terre et le sucre

"Les biens sont comme un chapeau sur la tête. Seuls les chauves en ont besoin. Ceux qui ont de beaux cheveux frisés peuvent fort bien s'en passer."
Idem p. 39

"Ne sème pas de mauvaises graines, car un jour elles germeront et paraîtront au grand jour (...) J'ai forcé la porte d'autrui, et quelqu'un

a forcé ma porte! Ce que j'ai voulu faire à d'autres, cela m'est arrivé à moi, comme punition."
Idem page 178

"L'homme est responsable de ses pertes et de ses gains. (....) Ne charge pas autrui de ta propre faute. Quand tu manges trop de miel, ce n'est pas quelqu'un d'autre qui est pris de convulsions, et quand tu travailles la journée, ce n'est pas quelqu'un d'autre qui touche la paye le soir!"
Idem page 186

KARMA DANS LA PHILOSOPHIE

• Pythagore et le Pythagorisme

Pythagore, philosophe et mathématicien grec (vers 570 av J.C - 480) est surtout connu grâce à son célèbre théorème sur l'hypoténuse pourtant déjà découvert par les Babyloniens un millénaire avant lui. Ce que nous savons moins, c'est qu'il est le fondateur de la première grande école de philosophie grecque et qu'il est peut-être le premier à avoir utilisé le terme *philosophe*. Platon et bien d'autres lui sont redevables. Il ne nous a laissé aucun traité de sa main mais nombre de ses préceptes ont été recueillis et compilés par ses disciples. Ils ont été rassemblés en particulier dans une œuvre intitulée *les Vers d'Or* dont nous possédons le célèbre commentaire de Hiéroklès (5ème siècle ap. J.C), philosophe Alexandrin ayant certainement fait partie de la dernière grande école philosophique de l'antiquité : l'école d'Athènes interdite par l'empereur Justinien vers 532.

> "Si ce n'est donc point une fable qu'il y ait une Providence qui distribue à chacun suivant son mérite et que notre âme soit immortelle, il est évident qu'il ne faut pas imputer la cause de nos malheurs à celui qui nous gouverne mais à nous-mêmes.
> *"Les Vers d'Or" : commentaire de Hiéroklès, Ed. Guy Trédaniel page 135*

> "Ce ne sont pas les maux dans lesquels tombent volontairement les hommes qui leur sont envoyés par les arrêts augustes du Destin, mais ce sont ces situations pénibles et difficiles qu'il ne dépend point de nouveau pour l'instant d'éviter et qui sont la suite des fautes que nous avons autrefois volontairement commises. (...)

Ainsi donc, l'enchaînement de cet auguste arrêt et de notre volonté engendre le Destin, et ce tout que l'on appelle l'auguste arrêt du Destin est le résultat de la sentence que Dieu porte contre les fautes que nous avons commises de plein gré."
Idem page 140 et 143

"Voilà pourquoi il faut que ceux qui ont injustement agi soient appelés à leur tour à souffrir l'injustice, afin que ce qu'ils n'ont pas vu en se conduisant mal, enivrés qu'ils étaient par leur ardeur pour la cupidité, ils le voient et l'apprennent dans la souffrance."
Idem page 149

"Les hommes choisissent eux-mêmes et librement leurs maux et comment ils deviennent, grâce à leur libre choix, malheureux et misérables."
Idem page 276

• Héraclite

Héraclite (550-480), fait partie des philosophes dits présocratiques. Il est considéré comme le penseur du devenir et de la contradiction par excellence. Certaines de ces idées sont de par ce fait, assez proches du bouddhisme.

"Dans les mêmes fleuves, nous entrons et nous n'entrons pas, nous sommes et nous ne sommes pas. (...) Le lien que l'on ne voit pas est plus fort que celui qu'on voit."

• Platon (427-347 av J.C)

Platon n'a plus besoin d'être présenté. Il est le philosophe, disciple de Socrate, dont l'œuvre écrite sous la forme de dialogues, a certainement influencé ou inspiré toute l'histoire de la philosophie. Certaines de ces allégories, comme celle de la caverne, sont encore d'actualité et enseignées régulièrement dans tous les lycées.

"La responsabilité appartient à celui qui choisit. Dieu n'est point responsable." *République X, 617e*

"... il pourra choisir entre une mauvaise et une vie bonne, appelant mauvaise celle qui aboutirait à rendre l'âme plus injuste, et bonne

celle qui la rendrait plus juste, sans avoir égard à tout le reste."
Idem: X, 619 a

• Les Stoïciens

Ecole philosophique créée par Zénon de Kittion (336-264). Ils développèrent la thèse que le bien est dans la vertu et que l'absence de passions délivre l'homme de la souffrance, d'où la recherche de l'égalité de l'âme dans la joie comme dans l'adversité.

• Marc Aurèle (121-180)

Il représente un des rares cas de philosophe devenu roi à moins que ce soit l'inverse. Avec les Pensées, il donne un des derniers témoignages de la pensée stoïque antique.

"Souviens-toi que tout ce qui arrive, arrive justement. (...) Je ne dis pas seulement arrive selon la suite, mais encore selon la justice, et comme si quelqu'un assignait à chacun selon son mérite".
"Pensées pour moi-même", livre IV, chapitre X

"Tout être, en quelque sorte, est la semence de l'être qui doit sortir de lui."
Id. chap. XXXVI

"Celui qui pèche, pèche contre lui-même. Celui qui est injuste, se fait tort à lui-même en se rendant lui-même méchant."
Livre IX, 6

• Epictète (50-125)

D'abord esclave romain, il finit par s'imposer comme un véritable maître à penser en fondant sa propre école à Nicopolis, en Epire, dont la renommée attirera nombre de notables romains. Son *Manuel* a influencé non seulement les Pères de l'église, mais également des philosophes comme Montaigne, Pascal ou Descartes.

"Accuser les autres de ses malheurs est le fait d'un ignorant ; s'en prendre à soi-même est d'un homme qui commence à s'instruire."
"Manuel", chapitre V

"Si tu vois un bel homme ou une belle femme, tu trouveras une force contre leur séduction, la tempérance. S'il se présente une fatigue, tu trouveras l'endurance ; contre une injure, tu trouveras la patience." *(chap X)*
"S'il se présente quelque chose de pénible, d'agréable, de glorieux ou d'obscur, souviens-toi que l'heure de la lutte est venue, que tu es aujourd'hui comme aux jeux olympiques, que tu ne peux plus différer ce qu'il ne tient qu'à un seul jour et qu'à une seule chose, que tes progrès soient compromis ou confirmés." *(chap LI)*

• Pascal (1623-1662)

Mathématicien, physicien, philosophe et écrivain français. Inventeur de la première machine à calculer. Il est l'auteur des célèbres *Pensées*.

"Toutes choses étant causées et causantes, aidées et aidantes, médiates et immédiates et toutes s'entretenant par un lien naturel et insensible qui lie les plus éloignées et les plus différentes, je tiens impossible de connaître les parties sans connaître le tout, non plus que de connaître le tout sans connaître particulièrement les parties."
"Pensées", Ed Brunschvicg, II, 72

• Leibniz (1646- 1716)

Philosophe et mathématicien allemand. Il est l'inventeur du calcul infinitésimal. Il a développée une philosophe optimiste dans il a tiré sa célèbre maxime : *tout est pour le mieux dans le meilleur des mondes possibles*. Voltaire, à travers son roman, *Candide ou de l'optimisme*, a critiqué en la caricaturant sa pensée philosophique.

"Jamais rien n'arrive sans qu'il y ait une cause ou du moins une raison déterminante, c'est à dire quelque chose qui puisse rendre raison a priori pourquoi cela est existant plutôt que tout autre façon."
"Théodicée" - Essai sur la bonté de Dieu : Chapitre 44

• Louis Claude de Saint Martin (1743-1803)

Louis Claude de Saint Martin, *le philosophe inconnu*, fut le secrétaire et le disciple de Martines de Pasqually (1727-1779). Ils sont à l'origine du Martinisme, mouvement initiatique théosophique.

> "N'imputons nos fautes qu'à nous-mêmes. Il n'y a pas une position où nous soyons excusables de négliger une seule vertu."
> *"Maximes et pensées"*

• Fabre d'Olivet (1767-1825)

Poète, érudit et dramaturge français. Célèbre pour ses poèmes en langue d'oc. Il est également l'auteur d'une monumentale traduction de la Vulgate, traduction latine de la Bible par Saint Jérome approuvée et adoptée par l'Eglise catholique. Orientaliste passionné d'histoire des religions il trace à grands traits l'évolution spirituelle de l'humanité. Il a commenté dans un de ces ouvrages " les vers d'or " de Pythagore.

> "L'homme doit connaître la source des malheurs qu'il éprouve nécessairement; et loin d'accuser cette même Providence qui dispense les biens et les maux à chacun selon son mérite et ses actions antérieures, ne s'en prendre qu'à lui-même s'il souffre, par une suite inévitable de ses fautes passées."
> *"Examen des vers dorés de Pythagore" : Ed. Bodin page 258*

• Schopenhauer (1788 - 1860)

Philosophe allemand. Au cœur de sa philosophie, nous trouvons le *vouloir vivre*, volonté naturelle et universelle qui est à la source de toute existence. Inspiré par la mythologie Indienne, il considère que le monde que nous percevons n'est qu'une pure construction de notre esprit, en un mot, une représentation.

> "Que tout ce qui arrive est amené sans exception par une stricte nécessité, voilà une vérité connaissable, donc inattaquable : je parlerai ici de fatalisme démontrable."
> *"De l'apparente intentionnalité dans le destin individuel"*

• Emerson (1803-1882)

Philosophe américain fondateur d'un système idéaliste, mystique et panthéiste, le transcendantalisme à travers lequel il professait sa foi en la bonté inhérente de l'homme et en la continuité de la vie de l'âme après la mort.

> "Le monde ressemble à une équation mathématique qui se satisfait, quel que soit la façon dont on la tourne. Chaque secret est révélé, chaque crime puni, chaque vertu récompensée, chaque tort redressé, en silence et en sûreté." *Compensation*

> "Nous devons agir sur notre destin en le préparant (...). En effet, il n'existe rien de capricieux, de bizarre, d'accidentel ni d'insupportable dans la nature. Car elle ne se transforme jamais par bonds, mais demeure toujours calme, faisant des progrès en fonction de ce qui été préparé." *Immortality*

• Gandhi (1869-1948)

Gandhi, chantre de la non-violence et acteur principal dans la lutte contre les anglais pour l'indépendance de l'Inde. Il a découvert progressivement les trésors de sa tradition et a fondé un ashram (un monastère) pour l'étude et la mise en pratique de ses grands principes spirituels. La Bhaghavad Gita fut un de ses livres de chevet.

> Il est immoral de vouloir échapper aux conséquences de ses actes. (....)
> La nature est implacable et se venge chaque fois qu'on viole ses lois
> *"The mind of Mahatma Gandhi", page 108*

• Jean-Paul Sartre (1905-1980)

Jean-Paul Sartre, philosophe existentialiste athée ne croit pas bien entendu en la loi de karma, mais il en est proche dans l'esprit, par le biais de ses concepts de libre arbitre et de responsabilité.

Même si la vie ne punit pas réellement nos actions négatives, notre mauvaise conscience s'en charge d'une façon plus insidieuse.

> "L'important n'est pas ce qu'on a fait de moi, mais ce que je fais moi-même de ce qu'on a fait de moi."
> "Mais l'existentialiste, lorsqu'il décrit un lâche, dit que ce lâche est responsable de sa lâcheté."

- Krishnamurti (1897- 1986)

Philosophe hindou qui a développé une philosophie-sagesse libérée de toute religion ou tradition.

Krishnamurti voit dans la causalité karmique l'expression de tous nos attachements. Il faut, selon lui, s'émanciper de cette loi en libérant notre mental de tous les conditionnements, recouvrer notre liberté en arrêtant de chercher intellectuellement des solutions à nos problèmes. Seule une vraie attention, une observation au présent et sans a priori peut mettre un terme à toute notre confusion mentale.

> "Il faut supporter joyeusement ton karma quel qu'il soit et accepter la souffrance comme un honneur, parce qu'elle prouve que les Seigneurs du Karma te trouvent digne d'aider. Si dur qu'il puisse être, soit reconnaissant de ce qu'il ne l'est pas d'avantage. Souviens-toi que tu est de peu d'utilité au Maître tant que ton mauvais karma n'est pas épuisé et que tu n'es pas libéré. En t'offrant à lui, tu as demandé que ton karma soit précipité, de sorte que tu épuises en une ou deux vies ce qui autrement, en aurait demandé une centaine" *(...) (p. 38)*

> "Un autre point encore: il faut renoncer à tout sentiment de possession. Il se peut que karma t'enlève les choses à quoi tu tiens le plus ... peut-être même les personnes que tu aimes le mieux." *(p. 39)*

> "(...) un crime ne cesse pas d'être un crime par ce qu'il est commis par beaucoup de gens. Karma ne tient aucun compte de l'usage ; et le karma créé par la cruauté est le plus terrible de tous." *(p. 46)*

Cette citation est tirée d'un petit opuscule, *Aux pieds du Maître,* non représentatif de ses prises de positions ultérieures. Elles n'en est pas moins intéressante.

"Mettre de l'ordre en nous-mêmes est d'une importance primordiale. De cet ordre intérieur sortira un ordre extérieur. "
"La flamme de l'attention", Lerocher, page 14

"Il n'y a aucune division entre l'extérieur et l'intérieur, entre le monde que les êtres humains ont créé extérieurement et le mouvement qui a lieu à l'intérieur. C'est comme une marée qui va et qui vient, c'est le même mouvement. Il n'y a aucune division entre l'extérieur et l'intérieur, c'est un mouvement continu." *(idem, page 93)*

"Ce qui arrive à l'extérieur de nous est la mesure qui nous permettra de nous comprendre intérieurement." *(idem, page 113)*

"Comme dit le proverbe : “nous avons vu l'ennemi et l'ennemi c'est nous." *(Idem, page 120)*

• Arnaud Desjardins (1925-.....)

Arnaud Desjardins s'est d'abord fait connaître du public français en tant que réalisateur de films documentaires consacrés à des grands Maîtres spirituels de la tradition indienne, bouddhiste et soufie. Ne se limitant pas au simple témoignage, il a fréquenté assidûment ces grandes figures au point de devenir, pour certaines d'entre elles, leur disciple. Il a fondé un ashram en Ardèche qui accueille tous ceux qui souhaitent se ressourcer et se familiariser avec son enseignement.

"Ce mot bhoga traduit par jouissance signifie l'appréciation totale de son destin, de son karma, non seulement des situations heureuses, de la satisfaction du désir au moment où nous accomplissons celui-ci, mais appréciation de ce que nous considérons comme désagréable et dont nous nous passerions volontiers."
"Pour une vie réussie", La table ronde, page 38

KARMA DANS L'ÉSOTÉRISME

• H. P. Blavatsky (1831- 1891)

Fondatrice en 1875 de la Société Théosophique, dont les trois buts déclarés sont:

- de créer un noyau de fraternité universelle sans distinction de races ou de croyances.
- d'encourager l'étude comparative des religions et en particulier de leur contenu ésotérique.
- d'étudier les lois inconnues de la nature et les pouvoirs extraordinaires qui se trouvent dans tout homme.

Elle a permis à l'Occident de découvrir la richesse des philosophies et religions orientales, en particulier l'Hindouisme et le Bouddhisme et a été à l'origine d'un véritable renouveau en Occident de la tradition ésotérique et initiatique. Des textes classiques comme la Bhaghavad Gita et des idées comme celles de karma et de la réincarnation sont aujourd'hui connues en occident en partie grâce à elle.

> "Nous considérons karma comme la loi ultime de l'univers, la source, l'origine et le fondement de toutes les autres lois qui sont à l'œuvre partout dans la nature. Karma est la loi infaillible qui adapte l'effet à la cause, sur les plans physiques, mental et spirituel de l'être. Comme il n'existe pas de cause qui n'implique son effet, grand ou petit, depuis une perturbation cosmique jusqu'au mouvement de votre main, et que des causes semblables produisent des effets semblables, karma est cette loi invisible et inconnue qui ajuste avec sagesse, intelligence et équité chaque effet à sa cause, en reliant celle-ci à l'agent qui l'a produite. Bien que karma soit en lui-même, inconnaissable, son action est perceptible.
>
> *"La Clef de la Théosophie", page 215*

- Rudolph Steiner (1861- 1925) et l'Anthroposophie

D'abord théosophe, il fonde en 1913 à Berlin la société anthroposophique qu'il qualifie “d'université libre de sciences spirituelles”. Esprit encyclopédique, il élabore un enseignement ésotérique chrétien et occidental qui trouve des applications dans les sciences (agriculture, médecine...), les arts (eurythmie) et la pédagogie (nombreuses écoles Steiner en Allemagne et dans le monde).développe autour un ensemble cohérent d'approches scientifiques, artistiques et pédagogiques spirituelles et écologiques. Il considère comme l'une des tâches les plus importantes d'enseigner le karma à notre époque.

> "On ne peut concevoir le karma sans la production d'un effet retombant sur l'objet ou l'être qui l'a provoqué, sans une réaction de l'effet sur l'être qui en a été la cause."
>
> "Certes, quand on observe un événement douloureux au moment même où il se produit, on ne peut pas encore en percevoir l'effet. Mais on peut aussi considérer cet événement comme un point de départ, pressentir alors que de lui naîtront des effets ; cet enchaînement est placé dans une toute autre lumière."
> *"Manifestations du karma", page 125*

- H. Spencer Lewis (.... -1939)

Fondateur ou éveilleur comme il se qualifie en 1909 de l'ordre A.M.O.R.C (Ancient and Mystic Order of the Rosicrucians), organisation et fraternité initiatique dont l'ésotérisme s'inspire des anciennes écoles de mystères d'Egypte. Cet enseignement, somme toute assez éclectique, trouve dans les textes de Louis Claude de Saint-Martin, de Pascal, de la Bible et du Bouddhisme une source d'inspiration et de méditation. On y trouve clairement mentionnée la loi de karma.

> "Si l'homme, en effet, pouvait trouver un seul exemple où la loi de compensation, cette loi automatique de règlements de compte, n'entrait pas en action en tout processus normal de la nature, il

aurait raison de perdre la foi en la sagesse infinie de l'intelligence universelle. (...)
Nous récoltons journellement et à chaque heure ce que nous avons semé(...)
L'homme a le pouvoir de choisir. Le libre arbitre est un facteur fondamental de sa conscience hautement développée, hautement évoluée. Mais lorsqu'il a fait un choix, il doit en accepter les conséquences."
"Les Demeures de l'âme" Editions rosicruciennes p. 75-80

- Edgar Cayce (1877-1945)

Edgar Cayce est certainement un des plus grands voyants du 20ème siècle. Il était capable, en étant plongé dans un état d'hypnose de diagnostiquer les maladies des patients qui lui étaient présentés et de leur prescrire des médications qui les guérissaient.Plus de 15 000 de ses diagnostics ont été conservés et font l'objet de publications régulières. Certaines de ses prédictions concernent le karma, la transmigration des âmes ainsi que la destinée de notre terre.

- Alice Bailey (1880-1949)

Alice Bailey eut préalablement une éducation chrétienne. Elle fut élevée dans un couvent et décida dans ses jeunes années d'aller en Inde pour une mission d'évangélisation. Ensuite, elle adhéra à la Théosophie lorsqu'elle émigra aux Etats-Unis. Elle découvrit l'identité du Maître avec lequel, disait-elle, elle communiquait depuis l'âge de quatorze et fonda en 1923 l'école “Arcane”.

"La loi de Cause et d 'Effet ou loi de Karma régit toutes les maladies. Ceci englobe le karma des individus, des groupes, des nations et de toute l'humanité."
"Guérison Esotérique", page 91

"Le karma est nécessairement un thème général et non spécifique. Au sens occulte, le grand public ne l'admet pas encore. Il faut donc l'étudier dans ses grandes lignes jusqu'à ce que la conscience humaine accepte la loi de Cause et Effet comme un facteur

conditionnant majeur, non seulement à grande échelle, mais dans le détail des vies individuelles."
"Guérison Esotérique", page 212

"Quant au Karma, ce que l'homme a fait, il peut le défaire. C'est ce qu'on oublie souvent. Le Karma n'est pas une règle stricte et inflexible. Il est susceptible de changement selon l'attitude et le désir de l'homme. Il présente l'occasion de changer ; il découle d'activités passées qui, si on les affronte de manière juste et les traite de façon correcte, posent les bases d'un bonheur et d'un progrès futurs."
"Extériorisation de la hiérarchie", page 229

- René Guénon (1886-1951)

Ecrivain français féru d'ésotérisme et de symbolisme, auteur de nombreux ouvrages tant sur la tradition orientale (Hindouisme, Védanta) que sur la voie initiatique occidentale (Gnosticisme, Franc-maçonnerie). Polémiste virulent, il s'est finalement converti à l'islam. Il est intéressant de citer ici certains passages de son livre *Le Théosophisme* où il attaque l'interprétation causaliste de la loi de karma que nous défendons dans ce livre.

"C'est cette " loi invisible " qui adapte avec sagesse, intelligence et équité, chaque effet à chaque cause, et qui, par cette dernière, arrive jusqu'à celui qui l'a produite. (...) C'est si l'on veut une espèce de " justice immanente ". Une semblable conception se retrouve également, sauf le mot qui la désigne ici, chez les occultistes et les spirites, dont beaucoup vont même jusqu'à prétendre déterminer avec une extraordinaire précision et dans les moindres détails, les relations entre ce qui arrive à un individu dans sa vie présente et ce qu'il a fait dans ses vies antérieures (...) Le mot karma signifie tout simplement" action " et rien d'autre. Il n'a jamais eu le sens de causalité (cause se dit en sanskrit " karana ") et encore moins de cette causalité spéciale dont nous venons d'indiquer la nature."
"Le Théosophisme", page 121-122

KARMA DANS LA LITTÉRATURE

- Khalil Gibran (1883-1931)

Khalil Gibran, poète et peintre libanais est l'auteur du célèbre recueil de poèmes *Le Prophète* dont le nombre de rééditions ne se comptent plus. Tous ses écrits caractérisés par un profond humanisme et une approche panthéiste du Divin sont empreints d'une profonde sagesse. Il fut considéré comme hérétique par l'Eglise Maronite et certains de ses ouvrages furent brûlés sur la place publique.

"C'est lorsque votre esprit erre sur le vent
Que par votre seule imprudence
Vous causez préjudice à d'autres et donc à vous-mêmes. (...)
L'assassiné n'est pas irresponsable de son propre assassinat
Et le volé n'est pas irréprochable d'avoir été volé.
Et le juste n'est pas innocent des actions du méchant
Et celui qui a les mains blanches n'est pas indemne des actes du félon.
Oui, le coupable est souvent la victime de l'offensé
Et plus souvent encore le condamné supporte le fardeau pour l'innocent et l'irréprochable."
"Le prophète", Casterman, page 39-41

- Rudyard Kipling (1865-1936)

Ecrivain britannique auteur de poèmes et de romans dont le célèbre *livre de la jungle*. Ses écrits empreints d'humanisme ont influencé la pensée de Gandhi et inspirent encore aujourd'hui certains Francs-maçons.

"Ce n'est pas un Dieu qui t'afflige

Tu es soumis à ta propre garde
Toi seul t'affliges."

• Antoine de Saint-Exupéry (1900-1944)

Aviateur et écrivain français, célèbre auteur du *Petit Prince*. Ses romans et ses récits symboliques sont empreints à la fois d'humanisme et de désillusion.

"Tout devient chemin, route et fenêtre sur autre chose que soi-même (...)
Et de correction en correction, je marche vers Dieu."
"Citadelle"

• Henry Miller (1891-1981)

Romancier américain. Dans une interview accordé à la revue "Rolling Stones", le 27 février 1975, il raconta l'effet que lui fit la vision d'une photo de H.P.Blavatsky, la fondatrice du mouvement théosophique moderne (voir plus haut).

"... dans un éclair, je compris que j'étais responsable de tout ce qui m'arrivait dans mon existence, quel que fut l'événement qui avait pu se produire. J'en accusais habituellement ma famille, la société, mon épouse... et ce jour-là, je découvris de manière très claire que je ne devais accuser personne d'autre que moi-même. J'en pris toute la responsabilité sur mes propres épaules et je m'en suis senti extraordinairement soulagé. A présent je suis libre, et personne d'autre que moi n'est responsable de ce qui m'arrive."

• James Redfield

Auteur américain du best seller *La prophétie des Andes,* roman initiatique se déroulant en Pérou et où il est question d'une quête d'un manuscrit fabuleux rédigé six cents ans avant J.C.

"A chaque fois que quelqu'un croise notre route, il porte un message pour nous. Les rencontres de pur hasard n'existent pas. C'est notre manière de répondre à ces rencontres qui détermine si nous recevons ou non le message." *Editions "J'ai lu" page 259*

KARMA DANS LA PSYCHOLOGIE

- Carl Gustav Jung (1875-1961)

Issu d'une famille protestante, Carl Gustav Jung s'intéresse très tôt à la psychanalyse. Présenté à Freud en 1907, il est rapidement considéré par ce dernier comme son successeur. Toutefois, les différences s'accumulent. Jung s'oppose effectivement à l'interprétation sexuelle du médecin viennois. Il pose l'existence de deux formes d'inconscient, celui personnel et celui collectif, mémoire de l'humanité véhiculant les grands archétypes mythologiques. Il devient le fondateur de la psychologie analytique.

> "Un tel homme s'est chargé de nouveaux problèmes et de nouveaux conflits. Pour lui-même il est devenu une grande tâche, car désormais il ne saurait plus dire que "eux" font ceci ou cela, que "les autres" sont dans l'erreur, et qu'il faut les combattre. Il vit dans la "maison de la réflexion sur soi-même". Un tel homme sait que tout ce qui va de travers dans le monde agit aussi en lui-même."
> *"Psychologie et religion", page 166*

- Frédérick s. Perls (1893-1970)

Créateur d'une école américaine appelée «Gestalt Thérapie» et qui s'appuie sur l'expression des états émotionnels.

> "Bien entendu, prendre la responsabilité de votre vie et être riche en expérience et capacité sont choses identiques et c'est ce que j'espère faire ici pendant ce court séminaire. Vous faire comprendre tout ce que vous gagnez à prendre la responsabilité de chaque émotion, chaque mouvement que vous faites, chaque pensée que vous avez et ne pas attribuer les responsabilités aux autres.
> *"Rêves et existence en Gestalt thérapie", page 58*

- Françoise Dolto (1908-1988)

Neuropsychiatre et psychanalyste française. Elle s'est intéressée principalement aux enfants et a essayé de concilier sa foi chrétienne et la psychanalyse.

"Dans l'échange, celui qui donne reçoit, celui qui reçoit, donne."
"La foi au risque de la psychanalyse"

Portrait chinois

C'est quand nous arrivons au terme du voyage, qu'il peut enfin nous délivrer son sens. C'est à la fin que s'accomplit le commencement. Les mots et les phrases ont longuement mûri dans le cocon ; les papillons-images peuvent déployer leurs ailes.

Comme un caillou jeté dans la mare fait naître des vagues concentriques qui s'éloignent et reviennent pour rétablir au centre le repos initial, Karma est ce mouvement qui va du calme au calme.

Comme un fil invisible, Karma est la loi boomerang qui ramène le "lancé" au lanceur.

Comme l'arbre dans la graine et la graine dans l'arbre, Karma est le temps qui s'écoule, la vie qui se déploie de naissances en croissances, et de morts en renaissances.

Comme un miroir, Karma renvoie à l'émetteur sa propre image qui lui permet de mieux se connaître et se reconnaître. En réfléchissant, il invite à réfléchir.

Comme une main qui se découvre au contact de ce qu'elle touche, par l'extérieur, Karma révèle l'intérieur. Karma est l'état des lieux, l'invitation à remettre en état sa demeure.

Comme un organisme vivant qui, aussitôt perturbé tend à revenir en son état harmonieux initial, Karma est l'instinct de conservation, les défenses immunitaires, le pouvoir de cicatrisation.

Comme un funambule marchant sur le fil invisible de la vie, Karma est le balancier intérieur qui permet de garder et de retrouver l'équilibre.

Comme un père qui punit et récompense son enfant pour lui montrer la voie, Karma guide nos pas. Il est le meilleur de nous-mêmes et entraîne dans son sillage le séparé. Il insuffle le tout dans la partie.

Comme un cercle qui refuse de se fermer et se déploie telle une spirale vers l'infini, Karma est cette poussée intérieure, ce désir de croissance qui, de l'origine montre du doigt la fin.

Comme un dé qui aide à avancer dans le grand jeu de la vie, Karma dirige le hasard en s'appuyant sur le libre arbitre. Pour gagner, il faut apprendre à perdre.

Comme un chien de berger, Karma ramène ceux qui s'égarent vers le cœur, là où naissent et meurent les vocations et les légendes personnelles.

Epilogue

Voici pour terminer, une dernière histoire qui a de quoi nous laisser décontenancés.

La multiplication des Euros

Une femme se rend en province pour affaires. Sur le coup de 13h, elle passe à l'hôtel réserver une chambre pour la nuit. Comme est n'est pas du coin, l'hôtelier lui demande une caution, et la dame, étant donné qu'il n'accepte pas les chèques, lui donne un billet de cent euros. L'hôtelier, content, lui réserve donc sa chambre et elle part régler ses affaires en ville. Le pâtissier qui a vu la scène dit au patron :

- Hé ! ça fait presque un mois que tu me dois cent euros pour le gâteau d'anniversaire de ta fille, si tu vois ce que je veux dire.

Et le patron, de mauvaise grâce, lui donne donc le billet de cent euros. Chemin faisant, le pâtissier rentre chez lui et passe devant le garagiste à qui il devait près de cent euros. Il s'arrête, et faisant le généreux, lui tend le billet de cent euros pour rembourser sa dette. Heureux d'avoir soldé son dû, il s'éloigne. Cependant, quelqu'un avait assisté à la scène : le maçon qui finissait juste le carrelage de l'apprenti du garage. Il se presse donc vers le garagiste en lui rappelant que, comme convenu, cela faisait cent euros, payables de la main à la main. Le garagiste respecte sa parole et le maçon rentre chez lui radieux. A peine arrivé, sa femme lui dit que le boucher réclame à corps et à cris le solde de son ardoise et menace de ne plus le servir. Il décide de le rembourser, et d'arrondir la note à cent euros en lui faisant grâce de quelques euros. Il donne aussitôt le billet à sa femme qui court à la boucherie régler son dû. Le boucher, content d'être enfin payé, va fêter ça au bar-hôtel du coin, mais sitôt un pied dans la salle, l'hôtelier lui rappelle qu'il attend toujours le règlement des trois nuitées pour la noce de son fils. Bon gré mal gré, le boucher lui donne le fameux billet de cent euros. Moralité de l'histoire : ce billet de cent euros aura permis de solder 400 euros de dettes.

Voici une histoire qui semble apparemment, complètement contredire la logique karmique selon laquelle, l'effet se doit d'être proportionnel à la cause. Ici, cent euros permettent d'en rembourser 400 ! Mais nous connaissons cette autre logique, où la cause peut générer au centuple un effet, comme une petite flamme capable de provoquer un brasier ou un microbe pouvant contaminer toute une population. Cette forme particulière de causalité se communique comme une réaction en chaîne, de proche en proche jusqu'à épuisement du support de transmission.

Sur le plan moral ou éthique, nous retrouvons ce même processus dans le positif comme dans le négatif, dans l'escalade, comme dans la désescalade. Des lois du talion, à l'échelle collective, entretiennent des conflits interminables, véritables cercles vicieux dont les commencements se perdent dans la nuit des temps. A l'inverse, des actes de bonne volonté peuvent à l'identique, engendrer des cercles vertueux de surenchère dans la générosité.

Notre responsabilité karmique, individuelle et collective, se trouve dans notre capacité à entretenir l'une ou l'autre de ces logiques. Impliqués dans un cercle vicieux, aurons-nous la force ou le courage d'enclencher un mouvement inverse, un cercle vertueux et de répondre positivement à une cause négative. C'est de la responsabilité de chacun d'entre nous d'essayer d'initier de tels mouvements, avec l'espoir, avec une seule pièce, de décrocher le Jack pot.

Chez le même Editeur

Vous trouverez des livres, des cassettes, des CD, conçus pour vous aider à trouver épanouissement, harmonie et réussite. Grâce à leurs connaissances facilement applicables dans la vie de tous les jours, ces livres, ces cassettes, ces CD vous permettront d'acquérir et de renforcer les qualités nécessaires pour réussir vos projets et vous épanouir pleinement. Avec ces atouts en main, vous pourrez construire votre vie sur des bases saines et harmonieuses. Vous pourrez enfin développer vos capacités à bien vivre et à réussir.

CATALOGUE SUR SIMPLE DEMANDE

EPM ÉDITIONS 42, RUE MONGE 75005 PARIS
TÉL : 01 40 30 42 11 / FAX : 01 40 30 42 83
Site internet : www.epm-editions.com

Les Livres

VOYAGE À TRAVERS LES MYSTERES DU KARMA

Aubert Allal

Ce livre est le premier des deux livres consacrés au thème du karma par cet Auteur

Récoltons-nous ce que nous semons ? Face à une réalité qui nous déçoit et devant l'absurdité de certains événements, nous éprouvons souvent un profond sentiment d'injustice, d'impuissance et de révolte. Pourquoi nos plus beaux efforts sont-ils parfois si peu récompensés ? Pourquoi le malheur frappe-t-il alors que nous avons tout fait pour nous en protéger ? Cela semble vraiment incompréhensible !

Cet ouvrage vous invite à voyager au cœur des mystères du karma. En explorant les multiples aspects de la loi karmique, vous prendrez conscience de la véritable nature de vos actes et vous constaterez alors que tout n'est pas si désespérément absurde ! Vous comprendrez qu'en dépit des difficultés une nouvelle orientation de votre vie est toujours possible. Dans cette perspective, ce livre se révélera un merveilleux outil de changement intérieur et de développement personnel.

VOS POUVOIRS SECRETS ET LA MAÎTRISE DE VOTRE DESTIN

Philippe Morando

Pourquoi tout réussit-il à certains et rien à d'autres ? Quelle est la cause de vos échecs ? Comment déclencher la force qui est en vous ? Ce livre, qui a transformé la vie de milliers de personnes, répond à vos préoccupations. Il vous révèle les secrets à connaître pour que vos projets se réalisent. Il vous montre comment mettre en pratique ces connaissances dans la vie de tous les jours. En appliquant les indications exposées dans cet ouvrage, vous pourrez améliorer considérablement votre existence. En développant la force qui sommeille en vous, vous attirerez à vous de nombreux bienfaits. Véritable guide pratique de vie, un livre de base clair et efficace, à la portée de tous, indispensable pour réussir.

COMMENT VIVRE EN BONNE SANTÉ

Dr Sergyl Lafont

Guide efficace constitué de conseils de base facilement applicables, ce livre pratique permet à chacun d'augmenter sa vitalité, de conserver et de renforcer sa santé, de développer l'harmonie entre le corps et l'esprit. Il nous donne des conseils judicieux sur des problèmes actuels cruciaux : obésité, alcool, tabac, stress, manque d'activité physique, et analyse soigneusement la psychologie à la base de chaque problème.

CONSEILS D'URGENCE FACE AUX CONFLITS RELATIONNELS

Philippe Morando

Grâce à des indications facilement applicables par tous, ce livre vous permettra de gérer efficacement les conflits relationnels que vous pouvez rencontrer avec votre entourage. Mais au-delà des conflits relationnels, vous apprendrez aussi comment résoudre vos propres conflits intérieurs car si votre univers extérieur est agité, c'est que votre univers intérieur l'est aussi.

LA SOLUTION EST EN VOUS

Philippe Morando

Nous cherchons tous à longueur de journée, des solutions à nos problèmes quotidiens : problèmes de couple, problèmes professionnels, problèmes relationnels, problèmes financiers, problèmes de solitude. Comment obtenir ce ce que nous voulons ?

Comment résoudre des problèmes qui nous paraissent insolubles? Ce livre vous ouvre la voie. Il vous montre comment vous libérer des faux semblants, des solutions illusoires qui ne font que masquer la réalité. Il vous indique comment trouver les bonnes solutions, les solutions authentiques, celles qui vous apporteront bien-être et épanouissement de manière durable.

LA PUISSANCE DE VOTRE ESPRIT
Au service de votre bien-être et de votre réussite
Philippe Morando

L'école ne nous enseigne pas l'art de vivre. Le bien-être, la réussite, l'harmonie ne s'improvisent pas surtout si les circonstances, notre éducation ou certains échecs nous ont orientés vers les difficultés, les soucis, le manque de vitalité. Ce livre a pour but de vous aider à maîtriser votre vie. Vous apprendrez, au fil des pages, à libérer vos énergies bloquées, à changer vos échecs en réussites, à vivre en harmonie avec votre entourage. Vous verrez comment vous débarrasser du stress et acquérir un état de bien-être et de dynamisme. Les transformations que vous obtiendrez au fur et à mesure de votre progression sont autant d'étapes-clés qui jalonneront votre parcours vers une vie plus épanouissante.

RÉUSSISSEZ VOTRE VIE SANS FORCER
Philippe Morando

Réussir ? Oui, mais à quel prix ? A longueur de journée, nous avons tous tendance à gaspiller notre temps et notre énergie Nous déployons des efforts démesurés pour obtenir bien souvent des résultats médiocres ou frustrants. Alors comment faire pour réussir sans tout ce gaspillage ? Avec la même clarté, le même dynamisme, la même efficacité qui ont fait le succès de ses conférences, Philippe Morando vous donne, dans cet ouvrage, les moyens de réaliser les objectifs essentiels à votre réussite et à votre épanouissement. Vous y trouverez de véritables outils qui vous seront d'une aide précieuse pour faire aboutir vos projets dans de bonnes conditions.

KARMA ET REINCARNATION

Philippe Morando

La connaissance correcte du mécanisme karmique et du processus de la réincarnation vous permettra de mieux comprendre les circonstances de votre vie et leur apparente absurdité. Grâce à une vision cohérente de tous les aspects de ce mécanisme, vous pourrez construire votre vie sur de nouvelles bases et trouver le chemin de l'épanouissement. Un livre passionnant, traité d'une manière vivante et agréable à lire, sous la forme de questions-réponses.

LA VIE DE L'ÂME

Philippe Morando

Entre ciel et terre, l'âme poursuit son chemin, celui de sa propre évolution. A quelle sorte de vie va-t-elle se trouver confrontée sur terre ? Sera-t-elle homme ou femme, dans quelle famille va-t-elle naître, qui va-t-elle retrouver ? Et après la mort, dans l'au-delà, que se passe-t-il ? Que fait l'âme ? Tous ces sujets et beaucoup d'autres sont abordés dans cet ouvrage. Des sujets, qui, au fil des pages, captivent notre intérêt. Vivant et accessible à tous, ce livre fait suite à «Karma et Réincarnation».

LES SECRETS DE VOTRE PUISSANCE INTERIEURE

Philippe Morando

Il y a en nous une puissance infinie qui ne demande qu'à se manifester positivement. Malheureusement pour beaucoup d'entre nous, cette puissance intérieure reste bien souvent inexploitée ou mal orientée. Ce livre vous fait découvrir comment utiliser la force créatrice qui est en vous pour atteindre vos objectifs et trouver bien-être, épanouissement, harmonie intérieure. Vous disposez d'une prodigieuse capacité de transformation. Il ne vous reste qu'à faire le premier pas !

Les CD et les Cassettes

SOPHROMEGA
Philippe Morando

Séance de relaxation, sur fond musical. S'écoute le soir, avant de s'endormir. Idéale contre le stress, elle procure bien-être, détente, confiance en soi et apporte un sommeil réparateur. Cette séance, particulièrement efficace contre les insomnies, est recommandée par de nombreux médecins. *(CD et cassette)*

CONDITIONNEMENT POSITIF
Philippe Morando

Par ses suggestions positives judicieusement choisies, cette séance guidée élimine en douceur toutes les idées négatives et les peurs qui vous paralysent. Développe énergie, équilibre, bien-être. *(CD et cassette)*

RÉUSSIR ET S'ÉPANOUIR GRÂCE À UNE RESPIRATION SPECIALE
Philippe Morando

Une respiration bien pratiquée a des effets prodigieux. Elle vous permettra de surmonter vos peurs, d'améliorer votre vitalité et vos relations avec les autres, de vivre mieux. *(CD et cassette)*

MINCISSEZ
Philippe Morando

Sur fond musical. Une aide efficace pour vous libérer des kilos superflus en douceur, sans fatigue, naturellement. Votre corps de lui-même va trouver le poids qui lui convient, le poids qui vous permettra d'être en meilleure santé physique et psychique. *(CD et cassette)*

DÉVELOPPEZ
VOTRE CONFIANCE EN VOUS
Philippe Morando

Sur fond musical. Grâce à l'écoute régulière de ces deux séances, vous allez, sans effort, acquérir plus de confiance en vous, plus de combativité, plus de persévérance, qualités indispensables à une vie réussie. *(CD et cassette)*

LIBÉREZ-VOUS
DE LA FATIGUE ET DE LA DEPRESSION
Philippe Morando

Sur fond musical. Grâce à ce CD, vous gaspillerez de moins en moins d'énergie, vous vous organiserez de mieux en mieux et vous vivrez de plus en plus détendu, tranquille, en paix. Vous retrouverez bien-être et joie de vivre. *(CD)*

LA PUISSANCE
PRODIGIEUSE DES SONS
Philippe Morando

Confortablement installé(e) dans votre fauteuil ou allongé(e) sur votre lit, vous pourrez profiter de l'effet apaisant et relaxant des sons spéciaux enregistrés sur ce CD. Ces exercices de sons guidés vous seront très utiles pour surmonter les stress d'urgence au travail et en famille. *(CD)*

LIBÉREZ
VOTRE PUISSANCE CREATRICE
Philippe Morando

2 séances de relaxation conçues pour augmenter votre facteur chance et provoquer la réalisation d'événements positifs et harmonieux dans votre vie affective et dans votre travail. *(CD et cassette)*

MEDITATION COSMIQUE

Philippe Morando

Sur fond musical. En vous unissant aux forces les plus sublimes de la Création, cette séance guidée régénèrera votre être tout entier et vous donnera la force nécessaire pour construire votre vie positivement. *(CD et cassette)*

REGENERATION MAGNETIQUE

Philippe Morando

Sur fond musical. 2 séances intensives de détente pour restaurer rapidement vos forces physiques et nerveuses, augmenter votre vitalité et accroître vos capacités de réussite. *(CD et cassette)*

LA DYNAMIQUE MENTALE

Philippe Morando

Pour renforcer votre force psychique et développer vos aptitudes à vivre agréablement et à réussir à tous les niveaux : une technique très performante, basée sur le rythme, la répétition, l'autosuggestion, la dynamique mentale. *(CD et cassette)*

L'UNION A LA SOURCE

Philippe Morando

Pour développer votre paix intérieure et votre confiance en vous : une technique très profitable, basée sur la communication, l'unification, le contact avec la source créatrice vitale. *(CD et cassette)*

Achevé d'imprimer en février 2005
dans les ateliers de Normandie Roto Impression s.a.s.
61250 Lonrai
Dépôt légal : février 2005 – N° d'imprimeur : 050346

Imprimé en France